Lensing/Sonnemann
Materialwirtschaft und Einkauf

Praxis der Unternehmensführung

Manfred Lensing
Kurt Sonnemann

Materialwirtschaft und Einkauf

Organisation
Bedarfsermittlung
Beschaffungsplanung
Materialdisposition
ABC-Analyse
Einkaufspolitik
Beschaffungsmarketing
Bestellung
Vertrag
Terminsicherung

GABLER

Die Deutsche Bibliothek – CIP-Einheitsaufnahme

Lensing, Manfred:
Materialwirtschaft und Einkauf : Organisation,
Bedarfsermittlung, Beschaffungsplanung Materialdisposition
ABC-Analyse, Einkaufspolitik, Beschaffungsmarketing
Bestellung, Vertrag, Terminsicherung / Manfred Lensing ;
Kurt Sonnemann. – Wiesbaden : Gabler, 1995
  (Praxis der Unternehmensführung)
  ISBN 3-409-13529-4
NE: Sonnemann, Kurt:

Der Gabler Verlag ist ein Unternehmen der Bertelsmann Fachinformation.
© Betriebswirtschaftlicher Verlag Dr. Th. Gabler GmbH, Wiesbaden 1995
Lektorat: Dr. Walter Nachtigall

Höchste inhaltliche und technische Qualität unserer Produkte ist unser Ziel.
Bei der Produktion und Verbreitung unserer Bücher wollen wir die Umwelt
schonen. Dieses Buch ist auf säurefreiem und chlorfrei gebleichtem Papier ge-
druckt. Die Buchverpackung besteht aus Polyäthylen und damit aus organi-
schen Grundstoffen, die weder bei der Herstellung noch bei der Verbrennung
Schadstoffe freisetzen.

Die Wiedergabe von Gebrauchsnamen, Handelsnamen, Warenbezeichnungen
usw. in diesem Werk berechtigt auch ohne besondere Kennzeichnung nicht zu
der Annahme, daß solche Namen im Sinne der Warenzeichen- und Marken-
schutz-Gesetzgebung als frei zu betrachten wären und daher von jedermann
benutzt werden dürften.

Umschlaggestaltung: Susanne Ahlheim AGD, Weinheim
Satz: ITS Text und Satz GmbH, Herford
Druck und Bindung: Paderborner Druck Centrum, Paderborn
Printed in Germany

ISBN 3-409-13529-4

Inhalt

VII

1 Aufgaben und Funktionen der Materialwirtschaft in Industrieunternehmen

1.1 Unterschiedliche Begriffsinhalte

Im Bereich der Versorgung eines Unternehmens mit Roh-, Hilfs- und Betriebsstoffen, Investitionsgütern, Energien, Dienstleistungen etc. wird sowohl in der betrieblichen Praxis als auch in der Literatur mit Begriffen wie Einkauf, Beschaffung, Logistik, Materialwirtschaft und integrierte Materialwirtschaft gearbeitet. Diese zum Teil für einen Außenstehenden verwirrende Begriffsvielfalt verdeutlicht, daß die Versorgungsfunktion eines Unternehmens mit diesen Gütern sehr unterschiedlich ausgestaltet sein kann. Die Begriffe weisen Gemeinsamkeiten und Unterschiede auf, die sich aus den entsprechend abgeleiteten Aufgabenstellungen und aus der Einbindung in die Unternehmensorganisation ergeben.

Mit dem Begriff *Einkauf* werden insbesondere Tätigkeiten der Versorgung und mittlerweile auch der Entsorgung beschrieben, die das Tagesgeschäft beinhalten und eher einen abwicklungstechnischen, operativen Charakter haben. Tätigkeiten, die hiermit gemeint sind, beziehen sich insbesondere auf die Abwicklung von Bedarfsanforderungen über Bestellvorgänge bis hin zu Tätigkeiten der Terminsicherung. Zunehmend wurden diese eher verwaltenden Tätigkeiten in den Industrieunternehmen durch den Markt gestaltende Tätigkeiten, wie Beschaffungsmarktforschung, Beschaffungsmarketing, Kostenstrukturanalysen von Lieferanten etc., erweitert, die in der heutigen Diskussion der Beschreibung der Tätigkeitsfelder des Einkaufs bestimmend sind.

Ein mehr strategisch ausgerichtetes Aufgabenfeld einer kostengünstigen und sicheren Versorgung des Unternehmens wird in der

1

Literatur auch als *Beschaffung* (im engeren Sinne) verstanden. Vor allem soll dabei die für die Materialversorgung eines Unternehmens notwendige Marktorientierung, die in der betriebswirtschaftlichen Literatur lange so kaum erwähnt wurde, verdeutlicht werden. Die *Beschaffung* (im weiteren Sinne) befaßt sich neben der Materialversorgung – also dem betriebswirtschaftlichen Produktionsfaktor Betriebsmittel – auch mit den weiteren Produktionsfaktoren Arbeit und Kapital.

Hinsichtlich der Materialversorgung eines Unternehmens werden die Begriffe Einkauf und Beschaffung nahezu gleichgesetzt. In der Literatur wird der *Einkauf* als Teilaufgabe der Beschaffung gesehen. In der Praxis versteht man unter dem Begriff *Beschaffung* häufig die Zusammenfassung von Einkauf und Wareneingangslager.

Neben den am Marktgeschehen ausgerichteten Tätigkeiten einer kostengünstigen und sicheren Versorgung sind zusätzlich auch die physischen Tätigkeiten einer Materialversorgung vom Lieferanten über die Produktion bis hin zum Kunden zu beachten. Diese Tätigkeiten werden mit dem Begriff *Logistik* umschrieben und befassen sich mit materialflußbezogenen Fragestellungen, wie eine nach Art, Ort, Menge und Zeit ausgerichtete Bevorratung und Verteilung der Materialien und Erzeugnisse erfolgen kann.

Der Begriff *Materialwirtschaft* umfaßte in der Unternehmenspraxis ursprünglich den Bereich der Bewirtschaftung der in den Produktionsprozeß eingehenden Materialien (also Einkauf und Wareneingangslager mit dem entsprechend dazu gehörenden innerbetrieblichen Transport; siehe dazu auch Abschnitt 2.1).

Heute wird dieser Begriff im Sinne einer integrierten Materialwirtschaft verstanden, wobei sich die Tätigkeitsfelder in eine marktgerichtete Tätigkeit – dem Einkauf- und eine materialflußorientierte Tätigkeit – der Logistik – aufteilen. Zusätzlich ist als weitere Tätigkeit die Entsorgung zu berücksichtigen, die insbesondere durch die Art der eingesetzten Materialien bestimmt wird (siehe auch Abbildung 1).

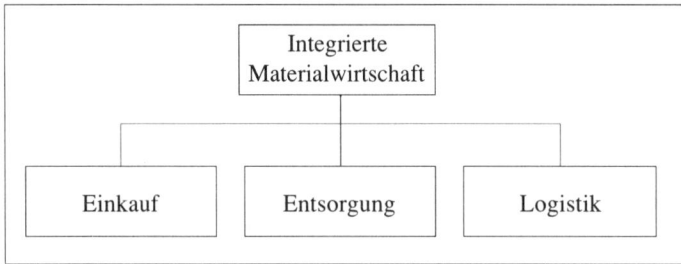

Abbildung 1: Integrierte Materialwirtschaft

1.2 Aufgabenbereiche der Materialwirtschaft

Die Materialwirtschaft hat nach modernem Verständnis die Aufgabe, das Unternehmen mit Materialien und Dienstleistungen zu versorgen. Dabei ist sicherzustellen, daß dem Unternehmen zu jeder Zeit die Liefer- und Produktionsbereitschaft zu wirtschaftlichen Bedingungen und gleichbleibender Qualität erhalten bleibt. Das Versorgungssystem Materialwirtschaft erstreckt sich dabei auf den gesamten Bereich des Materialflusses vom Beschaffungsmarkt über alle Wertsteigerungsstufen des Unternehmens bis hin zum Absatzmarkt.

Im einzelnen können daraus folgende Aufgaben abgeleitet werden, die dann einzelnen Funktions- oder Tätigkeitsbereichen (siehe auch Abschnitt 1.4) zugeordnet werden:

– Einkauf von Gütern und Dienstleistungen,
– Bereitstellung von Gütern und Waren,
– Verteilung von Gütern und Waren,
– innerbetriebliche Information, Koordination und Beratung und

3

– Verwertung und Verkauf überzähliger Güter bzw. Entsorgung.

Eine ganzheitliche Betrachtung dieser Teilaufgaben im Rahmen einer integrierten Materialwirtschaft erscheint sinnvoll, weil es bei der Erfüllung der Teilaufgaben zu Zielkonflikten kommen kann.

Beispielsweise kann der Einkäufer versuchen, über große Einkaufsmengen besonders günstige Konditionen bei einem Lieferanten zu erhalten. Demgegenüber muß aber auch bedacht werden, daß in einem solchen Fall die Lagerkosten (zum Beispiel Zinsen des gebundenen Kapitals) sehr hoch sein können. Eine reine Preisbetrachtung reicht hier nicht aus. Sie muß auf eine Untersuchung der Kosten, die damit verbunden sind, erweitert werden. Nur diese ganzheitliche Betrachtung der Gegebenheiten am Beschaffungsmarkt, aber auch der Folgen eines Materialkaufes auf Kosten, Kapitalbindung und Liquidität des Unternehmens, führt zu einer wirtschaftlich guten Entscheidung.

1.3 Bedeutung der Materialwirtschaft für das Unternehmen

In der verarbeitenden Industrie beträgt nach Erhebungen des Statistischen Bundesamtes der Anteil der Materialkosten in Beziehung zum um Bestandsveränderungen bereinigten Umsatz der Unternehmen im früheren Bundesgebiet (= Bruttoproduktionswert) etwa 52,0 Prozent (siehe Statistisches Jahrbuch 1993, Wiesbaden 1993, S. 209 sowie Abbildung 2). Innerhalb verschiedener Industriezweige differiert dieser Wert darüber hinaus zum Teil erheblich (siehe Tabelle 1). Gegenüber der verarbeitenden Industrie ist dieser Anteil bei Handelsunternehmen naturgemäß noch wesentlich höher.

4

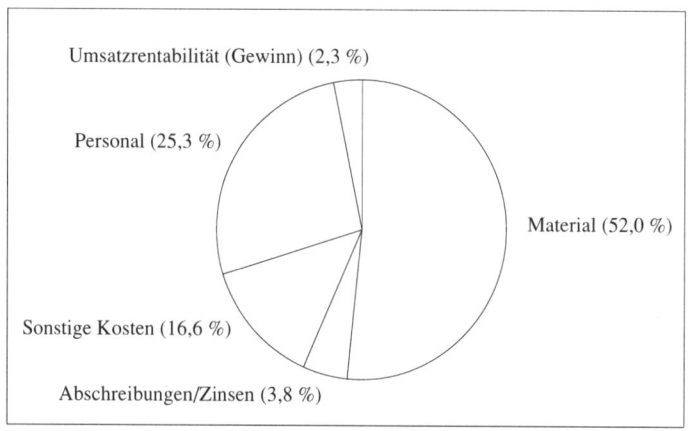

Umsatzrentabilität (Gewinn) (2,3 %)

Personal (25,3 %)

Material (52,0 %)

Sonstige Kosten (16,6 %)

Abschreibungen/Zinsen (3,8 %)

Abbildung 2: Aufgliederung der Gesamtkosten in der
verarbeitenden Industrie im früheren Bundesgebiet

Tabelle 1: Materialkosten verschiedener Industriezweige im
früheren Bundesgebiet – in Prozent vom
Bruttoproduktionswert –

NE-Metall-Industrie	64,3
Straßenfahrzeugbau	61,2
Schiffbau	58,4
Zellstoff-/Papiererzeugung	53,4
Textilgewerbe	55,5
Eisenschaffende Industrie	54,9
Chemische Industrie	47,3
Büromaschinen	46,5
Maschinenbau	46,1
Elektrotechnik	46,3
Gießerei	40,9
Luftfahrt- und Raumfahrzeugbau	43,8
Druckerei	42,7

Hieraus läßt sich für den Bereich Materialwirtschaft eine erhebliche *Kostenverantwortung* ableiten, zumal beispielsweise noch nicht die Zinswirkungen von Lagerbeständen, die auch durch den Bereich Materialwirtschaft verantwortet werden, berücksichtigt sind. Diese Kostenverantwortung relativiert sich zwar zu einer Kostenverantwortung eines Teams, weil große Bestandteile maßgeblich auch von weiteren Funktionsbereichen (vor allem der Entwicklungs- und/oder Konstruktionsabteilung) beeinflußt werden. Trotzdem wird daraus ersichtlich, daß der Materialwirtschaft eine entsprechende Bedeutung aus dieser Kostenverantwortung erwächst.

Die wesentlichen Kostenkategorien, auf die die Materialwirtschaft im Unternehmen Einfluß hat, sind:

– die *Materialkosten*
   Kosten für Roh-, Hilfs-, Betriebsstoffe, Kosten für Halb- und Fertigfabrikate und Bezugskosten,

– die *Kapitalbindungskosten*
   Zinsen des gebundenen Kapitals, Wertberichtigungen der Lagerbestände, Kosten der Lagerhaltung und

– *Gemeinkosten*
   Kostenstellenkosten wie Kosten für Transporte, Verpackungen, EDV-Umlagen und Entsorgung.

Ist der Materialkostenanteil in einem Unternehmen besonders hoch, sind es dann entsprechend auch die Auswirkungen auf das Betriebsergebnis. Welche Auswirkungen sich auf das Betriebsergebnis durch eine Senkung der durchschnittlichen Einstandspreise aufgrund des Verhandlungsgeschicks und der Marktmachtstellung des Einkaufs ergeben, verdeutlicht das in Tabelle 2 dargestellte Zahlenbeispiel, wobei auf die Berücksichtigung von Steuerwirkungen bei diesem Beispiel verzichtet wurde.

6

Dieses Beispiel zeigt: Bei sonst gleichen Ausgangsdaten hat eine durchschnittliche Einstandspreissenkung von fünf Prozent bei einer Umsatzrendite von fünf Prozent die gleiche Wirkung auf das Ergebnis wie eine fünfzigprozentige Anhebung des Umsatzes. In der Unternehmensrealität erscheint es eher möglich zu sein, mit entsprechenden Maßnahmen eine solche Einstandspreissenkung zu erreichen als eine solche große Anhebung des Umsatzes zu erzielen.

Tabelle 2: Ergebniswirkungen durch Einstandspreissenkungen bzw. Umsatzerweiterungen

	Ausgangs-situation	1. Variation Einstands-preissenkung	2. Variation Umsatz-erweiterung
Umsatz	200 Mio. DM	200 Mio. DM	300 Mio. DM
Umsatzrendite	5 %	5 % + 2,5 % = 7,5 %	5 %
Gewinn vor Steuern	5 Mio. DM	7,5 Mio. DM	7,5 Mio. DM
Einkaufsvolumen	50 %	47,5 %	50 %
Senkung der durch-schnittlichen Ein-kaufspreise	–	5 %	–

Auch im Bereich der *Lagerwirtschaft* sind durch die Senkung der Vorratsbestände infolge logistischer Maßnahmen erhebliche Ergebniswirkungen zu erzielen (zum Beispiel durch Abbau sogenannter Lagerhüter). Bei der statistischen Auswertung einer Vielzahl von Konzernabschlüssen in Deutschland (siehe Statistisches Jahrbuch 1993, S. 144 ff.) ergibt sich, daß die Vorräte trotz vieler Bemühungen zur Reduktion etwa ein Drittel des gesamten Umlaufvermögens betragen und etwa 16 Prozent des Umsatzes ausmachen. Auch hier kann durch die Freisetzung des in Vorräten gebundenen Kapitals eine erhebliche Wirkung erreicht werden.

Aus diesen Angaben läßt sich sehr leicht die große Verantwortung und Bedeutung der Materialwirtschaft für das Unternehmen und das Unternehmensergebnis ableiten. Viele Unternehmen haben dieser Entwicklung entsprechend Rechnung tragend versucht, die Materialwirtschaft in ihrer wichtigen Managementfunktion zu stärken.

1.4 Zusammenarbeit mit weiteren Unternehmensbereichen

1.4.1 Konstruktion, Entwicklung, Fertigung, Qualitätssicherung und Materialwirtschaft

Die enge und gute Zusammenarbeit zwischen den Bereichen Konstruktion, Entwicklung, Fertigung, Qualitätssicherung, Materialwirtschaft und insbesondere Einkauf ist notwendig, um den reibungslosen Materialfluß, eine kostengünstige Materialversorgung und geringe Kapitalbindungskosten sicherzustellen. Bei der heutigen raschen technischen Entwicklung wird die Notwendigkeit zu entsprechender Teamarbeit von Spezialisten, die gemeinsam die Interessen des gesamten Unternehmens abzustimmen und zu vertreten haben, immer deutlicher.

Voraussetzung für eine gute Zusammenarbeit zwischen den Bereichen ist die Beachtung folgender Punkte:

- Gemeinsame Zielsetzung
- Gegenseitiges Verstehen
- Klar abgegrenzte Zuständigkeit und Verantwortung
- Planmäßiges, systematisches Arbeiten in den angegebenen Bereichen
- Gegenseitiges Vertrauen

– das Überordnen von Unternehmensinteressen über persönliche und abteilungsspezifische Interessen.

Eine Zusammenstellung der Aufgaben in den 3 Stufen Entwicklung/Konstruktion, Fertigung und Qualitätssicherung (s. S. 10–12) läßt die starken Verflechtungen erkennen.

1.4.2 Absatz und Materialwirtschaft

Aus der sinnvollen, gut aufeinander abgestimmten Zusammenarbeit zwischen Materialwirtschaft/Einkauf und Absatz/Verkauf, den beiden an den entgegengesetzten Polen des Unternehmens liegenden Teilbereichen, erwächst der sich stetig erneuernde Unternehmensumsatz. Materialwirtschaft und Absatz geben die Impulse für den betrieblichen Umsetzungsprozeß.

Von der Leitung des Unternehmens her gesehen gibt es drei grundlegende Bestimmungsfaktoren für die gegenseitige Verknüpfung:

– Kapitallage und finanzielle Anpassung, also die Liquidität,
– Unternehmensbindung im Markt und im Sektor des öffentlichen Vertrauens und Ansehens,
– Lage am Beschaffungs- und am Absatzmarkt.

Es ist für ein Unternehmen von ganz besonderer Bedeutung, ob es in der öffentlichen Meinung positiv oder negativ beurteilt wird, und ob es gerade beispielsweise mit seinen Einkaufspraktiken auffällt. Im Falle negativer Beurteilung fühlt stets der Verkauf als erster die Auswirkungen im Markt.

Die sachlichen Gegensätze, die sich aus zielpolitisch anderer Denkweise ergeben, erfordern: (Forts. S. 13)

9

Zusammenarbeit zwischen den Bereichen

1. Stufe: Entwicklung und Konstruktion

Aufgaben *von Materialwirtschaft/Einkauf*	*Aufgaben* *der Entwicklung/Konstruktion*
Über neue Stoffe und Produkte informieren Muster und Konkurrenzfabrikate beschaffen Kostengünstigere Alternativen vorschlagen Auf der Verwendung von Normteilen bestehen Zu Anforderungen an Qualität und Toleranzen kritisch Stellung nehmen Beiträge der Lieferanten zur Problemlösung vermitteln	Neue Erzeugnisse entwickeln oder alte Erzeugnisse verbessern (in bezug auf Funktion und Kosten) Gelegentlich im Interesse von Innovation und Fortschritt die (engen) Grenzen der Normung überschreiten Vollständige und eindeutige Dokumentation für die Herstellung der entwickelten Produkte und für die Beschaffung von Stoffen und Teilen (Lieferspezifikationen) erstellen

Besondere Anforderungen an den Materialwirtschaftler in Stufe 1:

Er muß als Facheinkäufer die Sprache des Technikers verstehen, weltweite Marktkenntnisse haben und ausreichend qualifiziert sein, um die Angemessenheit von Qualitäts- und Toleranzanforderungen zu beurteilen. Zudem sind technische Grundkenntnisse und technisches Interesse erforderlich.

2. Stufe: Fertigung

Aufgaben von Materialwirtschaft/Einkauf	*Aufgaben der Fertigung*
Über neue Maschinen, Verfahren und Speziallieferanten informieren	Methoden und Fertigungsprozesse planen
Ermitteln, ob Produkte führender Konkurrenten preiswerter sind als eigene Herstellkosten	Standardkalkulation der Herstellkosten in Zusammenarbeit mit Kalkulation erstellen
Anstoß und Begründung für „make or buy-Entscheidungen"	Fabrikkapazität und deren Auslastung planen
Rechtzeitigen Stoffeingang zu niedrigsten Gesamt-Beschaffungskosten sicherstellen	Nach vereinbartem Mengen-/Termin-Programm fertigen
Lagerkosten durch optimale Bestellmenge minimieren (siehe Abschnitt 4.2.4)	Für Einhaltung oder Unterschreitung der Standard-Herstellkosten sorgen
	Flexible Reaktion bei Änderung an Programm und/oder Erzeugnis sicherstellen

Besondere Anforderungen an den Materialwirtschaftler in Stufe 2:

Unabhängiges Fachurteil über die Qualifikation der Lieferanten, Kenntnis der weltweiten Preisentwicklung einschließlich Zukunftstendenz, Beherrschung der Kriterien für *make or buy-Entscheidungen* (Eigenfertigung oder Fremdbezug), betriebswirtschaftliche Grundkenntnisse für Analysen im eigenen Hause und bei Lieferanten, zum Beispiel Mengen-Preis-Relationen, wirtschaftliche Losgrößen.

11

3. Stufe: Qualitätssicherung

Aufgaben von Materialwirtschaft/Einkauf	*Aufgaben der Qualitätssicherung*
Lieferantenauswahl	Funktional wichtige oder vom Markt geforderte Eigenschaften der Erzeugnisse definieren
Für laufende Lieferanten-Beurteilung sorgen	
Informationen oder Schulung des Lieferanten auf dem Qualitätsgebiet vermitteln	Für eindeutige, quantitative Fixierung von Qualitätsanforderungen in Liefer- und Fertigungsvorschrift sorgen
Gegebenenfalls Prüfung zum Lieferanten verlagern	Kontrollmethoden in allen Fertigungsstufen einschließlich Wareneingang oder bei Lieferanten planen
Dafür sorgen, daß nur einwandfreie Ware in das Wareneingangslager geht	Revisions- und Prüfarbeiten überwachen
Reklamationen abwickeln	Fehlursachen analysieren und für Abhilfe sorgen
	Das Kundeninteresse bei der Endprüfung vertreten

Besondere Anforderungen an den Materialwirtschaftler in Stufe 3:

Der Materialwirtschaftler muß als Partner der Qualitätssicherung die Bedeutung der Qualitätsvorschriften verstehen, er soll die wichtigsten Instrumente der modernen Qualitätssicherung wie statistische Prüfmethoden, Qualitätsdiagramme, Informationsrückkopplung nach Anwendungsbereich kennen.

- Abstimmung der beiden Bereiche im Rahmen der Unternehmenspolitik,
- Abstimmung im Qualitätsbereich,
- Abstimmung der Preisfaktoren und
- Abstimmung der persönlichen Anbietetechnik mit der Nachfragetechnik.

Zunächst stehen wir vor den Unterschieden der Absatz- und Materialwirtschaftspolitik aufgrund der andersartigen Einstellung zu Preisen, Qualitäten, Mengen und Zeiten.

Es gibt zwei Möglichkeiten, diese ständigen Reibungsflächen der hier genannten vier Komponenten zu beseitigen:

- Koordination der Abteilungs-Politiken und ihrer Grundsätze.

- Gegenseitige gedankliche Verzahnung bzw. Koordinierung der Methoden, die die Auswahl der Kundenaufträge und Lieferantenbestellungen betreffen.

Beispielsweise können *Absatzpolitik* und *Materialwirtschaftspolitik* dadurch leichter aufeinander abgestimmt werden, daß die Materialwirtschaft sowohl über die Umsatzpolitik als auch über die Kundenpolitik lückenlos informiert wird. So gesehen müßte die Materialwirtschaft von der Kunden- und Umsatzseite her über folgende vierfache und in sich kombinierte Gruppeneinteilung des Verkaufsprogramms unterrichtet werden:

- Umsatzstarke und umsatzschwache Fabrikate des eigenen Unternehmens.

- Gewinnstarke und gewinnschwache Fabrikate.

- Umsatznotwendige (betriebsdringliche), existenzentscheidende Fabrikate und umsatzergänzende (betriebsfördernde) Fabrikate.

13

– Konkurrenzstarke und konkurrenzschwache Artikelgruppen bzw. Fabrikategruppen.

Weiterhin muß die Materialwirtschaft vom Verkauf über die Fertigung oder von der Fertigungsseite selbst über den Stand der Entwicklungsprodukte nicht nur vom qualitäts- und mengenmäßigen Beschaffungsstandpunkt, sondern auch über den Stand der voraussichtlichen Marktreifeentwicklung unterrichtet werden, um mengenmäßige Deckungen preislich richtig vornehmen zu können.

In bezug auf die *Kundenpolitik* sollte die Materialwirtschaft über den Stand der Dauer- und Altkunden, der Neukunden, der Zufalls- und Zeitkunden sowie über die Reklamationen dieser Kundengruppen unterrichtet werden, soweit sie diesen Bereich berühren. Das große Gebiet der Substitutionsrohstoffe liegt dort, wo Betrieb und Verkauf ohne die aktive Mitwirkung der Materialwirtschaft hilflos sind.

Der Einkäufer sollte beispielsweise bei der *Anbietetechnik* des eigenen Hauses prüfen,

– welche Gesichtspunkte in bezug auf Qualität, Verwendungszweck, Garantie, Preis und Menge vorrangig sind,
– mit welchen Einwendungen der Kundschaft überwiegend zu rechnen ist und wie sie beantwortet werden,
– wie man berechtigte Einwendungen der Kundschaft zur Qualitätsverbesserung auswertet.

Hiernach sollte der Einkäufer weiterhin die Ergebnisse der *Bestelltechnik* einbauen, und zwar,

– welche Taktik man als Einkäufer in bezug auf die Rangordnung der eigenen Vertriebspunkte einschlagen soll,
– in welcher Weise man die Kundeneinwendungen gegenüber den anbietenden Firmen auswerten kann,

14

- welche Angebotsargumente seitens der Lieferanten geltend bleiben sollen,
- wie weit eine Aufklärung des Lieferanten über das eigene Verkaufs- und Entwicklungsprogramm überhaupt erfolgen kann und soll.

Bei einem systematischen Informationsaustausch wird die Materialwirtschaft dem Verkauf durch die Gewinnung von Kunden aus dem Lieferantenkreis sehr nützlich sein können.

1.4.3 Finanzwesen und Materialwirtschaft

Im Finanzwesen finden alle Geschäftsvorfälle ihren finanziellen Niederschlag. Kurzfristige Berichte geben Aufschluß über gute und schlechte Geschäfte sowie über die Ergebnisse von Produktionsgruppen und Absatzgebieten. Als Nervenzentrum jeder Unternehmung soll das Finanzwesen Schwachstellen und Stärken erkennen. Es ist für die analytische Auswertung deshalb ganz besonders auf enge Kontakte mit allen Funktionsträgern unternehmerischer Entscheidungen angewiesen.

Das gilt insbesondere für die unternehmerische Funktion Materialwirtschaft, die mit der Beschaffung und Bewirtschaftung von Materialien und Dienstleistungen, dem größten Kostenblock des Unternehmens, den gesamten Finanzbedarf aller Bedarfsträger auf sich vereinigt. Dieser große Finanzbedarf der Materialwirtschaft, der überdies noch stark beeinflußt wird durch die Lagerpolitik, macht verständlich, daß eine enge *finanzwirtschaftliche Verflechtung zwischen dem Finanzwesen und der Materialwirtschaft* bestehen muß.

Der Materialwirtschaftsleiter und seine verantwortlichen Mitarbeiter sollen deshalb gute finanzwirtschaftliche Kenntnisse haben und diese bei ihren Bemühungen um eine ökonomische Beschaf-

15

fung voll einsetzen. Es müssen die Grundsätze optimaler Finanzierung im Rahmen einer unternehmerischen Gesamtplanung (siehe dazu Abschnitt 3.2) mit berücksichtigt werden.

Im einzelnen ist zu beachten, daß

- bei Sicherung der Liquidität größte Rentabilität gegeben ist,
- Schutz vor Überfremdung und plötzlichem Abzug betriebsnotwendigen Kapitals besteht,
- das Risiko der Eigenfertigung sowie Umfang und Risiko von Entwicklungen im Rahmen des finanziell Vertretbaren bleiben und
- Gewinnaussichten und Kriterien am Kapitalmarkt berücksichtigt werden.

In der kurz-, mittel- und langfristigen *Gesamtplanung* werden die Unternehmensziele formuliert und quantifiziert. Anhand einer Reihe von Einzelplänen kommt es zur Zusammenstellung der Gesamtplanung, die schwerpunktmäßig die finanziellen Konsequenzen formulierter Absatz-, Produktions-, Investitions-, Beschaffungs- und Personalpläne aufzeigt (siehe dazu auch Abschnitt 3.2).

Bei der Erarbeitung solcher Pläne soll die Materialwirtschaft aktiv mitarbeiten. Die Materialwirtschaft ist nicht lediglich Ausfluß vorgegebener Absatz- und Produktionspläne, sondern sie kann bei aktiver Mitplanung Entwicklungen und Tendenzen am Beschaffungsmarkt aufzeigen und ihn nach neuen Beschaffungswünschen planmäßig absuchen.

Wenn der Materialwirtschaft die Gesamtplanung nicht bekannt ist, kann es aus beschaffungstechnischen Problemen zu beachtlichen Planungsfehlern kommen, die in der Folge fast immer negative finanzielle Auswirkungen haben. Einzelne Vorhaben können dann meist nur mit finanziellen Zugeständnissen am Beschaffungsmarkt erkauft werden.

Auch bei der *Lagerpolitik* muß das finanzwirtschaftliche Postulat nach gesicherter Liquidität und größtmöglicher Rentabilität Berücksichtigung finden. Die Forderung, die Kapitalbindung der Vorräte möglichst klein zu halten, setzt eine gewisse Risikobereitschaft in der Materialwirtschaft voraus. Die in der Planung einmal grundsätzlich aufgezeigte Lagerpolitik sollte nicht einseitig, ohne das Finanzwesen hinzuzuziehen, geändert werden, weil es sonst plötzlich zu stärkerer Kapitalbindung bei den Vorräten kommen kann, ohne daß dafür die finanziellen Möglichkeiten gegeben sind.

Die lang- und die mittelfristige *Kapitalbindung* bei der Anschaffung von Investitionsgütern erfordern die genaue Analyse jeder Investition hinsichtlich ihrer Auswirkung auf Rentabilität, Liquidität und Risiko. Sie erfordern darüber hinaus aber auch die sorgfältige Lieferantenauswahl, weil von der Qualität und der richtigen Wartung einer Sachinvestition ihr planmäßiger Einsatz abhängt. Damit ist die Investitionsplanung nicht allein Sache der Bedarfsträger und des Finanzwesens, sondern erst die Hinzuziehung der Materialwirtschaft noch in der Planungsphase sichert die optimale Datensammlung für Investitionsentscheidungen und die planmäßige Verwirklichung von Investitionen.

Finanzierungsmöglichkeiten spielen bei Investitionsentscheidungen eine ausschlaggebende Rolle. Bei der Feststellung der Anschaffungskosten von Investitionen sind Finanzierungskosten in jedem Falle mit zu berücksichtigen.

Gerade bei der Vergabe von Investitionsgüter-Aufträgen muß die Zusammenarbeit zwischen Finanzwesen und Materialwirtschaft besonders eng und gut sein.

17

1.5 Funktions-/Tätigkeitsbereiche der Materialwirtschaft

Nach modernem Verständnis einer integrierten Materialwirtschaft werden, wie bereits beschrieben, marktgerichtete und material-flußorientierte Aufgabenfelder betrachtet. Als einzelne Funktionen bzw. Tätigkeitsbereiche innerhalb der Materialwirtschaft ist weiterhin zwischen

- Einkauf,
- Disposition/Versorgungssteuerung,
- Bevorratung/Lager,
- Verteilung/Transport und
- Entsorgung

zu unterscheiden. Innerhalb dieser fünf Funktionen müssen jeweils planende, steuernde, durchführende und kontrollierende Aufgaben als allgemeine Aufgaben einer Funktion oder eines Tätigkeitsbereiches erledigt werden.

Die Funktion *Einkauf* umfaßt die Aufgaben und Tätigkeiten, die darauf gerichtet sind, dem Unternehmen die zur Erfüllung seiner Aufgaben notwendigen, aber nicht selbst erzeugten Güter, Energien und Leistungen aus den nationalen und internationalen Beschaffungsmärkten zu wirtschaftlichen Bedingungen verfügbar zu machen (siehe auch Kapitel 6).

Gegenstände des Einkaufs sind dabei der Bezug von:

- Roh-, Hilfs- und Betriebsstoffen (RHB),

- Halb- und Fertigfabrikaten,

- Investitionsgütern,

- Energien,

18

- Dienstleistungen (zum Beispiel Reinigung, Wartung, Bewachung).

Die Funktion *Disposition/Versorgungssteuerung* umfaßt die Aufgaben, die sich auf

- die Ermittlung der Bedarfe in der Produktion unter Berücksichtigung von Lager-, Fertigungs- und Bestellbeständen,
- die Entscheidungen über Ergänzungen des Lagerbestandes nach Menge und Zeit,
- die Zusammenfassung der Bedarfe (für Bestellungen des Einkaufs),
- die Festlegung der Liefereinteilungen und
- die Streuung der Bedarfe an den richtigen Produktionsort zur richtigen Zeit etc.

beziehen. Einige Grundzüge der Methoden der Bedarfsermittlung und Materialdisposition werden im Kapitel 4 näher dargestellt.

Die Funktion *Bevorratung/Lager* umfaßt folgende Tätigkeiten und Aufgaben:

- *Bevorratungsplanung*
  Planung der zu bevorratenden Materialien und Teile,
  Planung der Steuerungsgrößen wie Umschlagshäufigkeit, Reichweiten etc.

- *Lager- und Materialpflege*
  Lagerverwaltung,
  Fortschreibung der Lagerbestände,
  Erfassung und Überwachung aller Lagerbewegungen.

- *Auslagerung und Kommissionierung*
  Durchführung der Lagerentnahme,
  Erstellen der notwendigen Papiere,
  Zusammenstellung der Materialien wie gewünscht.

19

Mit der Funktion *Verteilung/Transport* werden folgende Aufgaben und Tätigkeiten angesprochen:

- *Umschlags- und Transporttätigkeit*
  von den Lieferanten zum Wareneingangslager,
  vom Wareneingangslager zur Produktion,
  zwischen räumlich auseinanderliegenden Produktionsstätten,
  von der Produktion zum Fertigwarenlager,
  vom Fertigwarenlager zum Kunden;

- *Wahl des Transportmittels*

- *Sicherung der Funktionsfähigkeit von Transport- und Fördereinrichtungen*

- *Transport- und Verkehrsabwicklung*

- *Termingerechte Zustellung der Materialien.*

Als letztgenannte Funktion hat die *Entsorgung* folgende Aufgaben wahrzunehmen:

- *Einstufung der Entsorgungsgüter* nach
  Wiederverwendbarkeit,
  Gefährlichkeit,
  Umweltbelastbarkeit;

- *Tätigkeiten der Entsorgungsplanung*

- *Durchführung der Entsorgung*

20

2 Organisation der Materialwirtschaft in Industrieunternehmen

2.1 Eingliederung in die Unternehmensorganisation.

Die Festlegung festumrissener Aufgabengebiete und Zuständigkeitsbereiche ist die Voraussetzung für das reibungslose Funktionieren einer Organisation. Dieser Grundsatz gilt selbstverständlich auch für die Organisation der Materialwirtschaft in einem Industrieunternehmen. Wird dieser Grundsatz mißachtet, unterbleiben notwendige Maßnahmen, weil die Zuständigkeit nicht festgelegt oder weil die Aufgabe nicht erkannt wurde.

Der betriebliche Leistungserfolg einer Materialwirtschaft ist weitgehend von einer wohldurchdachten und den Erfordernissen des Unternehmens angepaßten Organisation abhängig.

Organisation ist dabei kein Selbstzweck, sondern soll das Zusammenwirken der Menschen in dieser Organisation hinsichtlich der Erreichung der definierten Zielsetzungen verbessern helfen. Organisationen sollen flexibel sein. Dies bedeutet insbesondere, daß den Menschen, die innerhalb einer Organisation tätig sind, ein höchst mögliches Maß an Eigenverantwortung übertragen wird. Organisation ist ein entscheidender Wettbewerbsfaktor und kann bei entsprechenden Mängeln durchaus Ursache für erhebliche Verluste eines Unternehmens sein.

Die *organisatorische Struktur der Materialwirtschaft* wird in erster Linie bestimmt durch

– die Art der zu beschaffenden Güter und Leistungen,
– die Branche und die Struktur des Unternehmens,

- die Aufgaben der Materialwirtschaft,
- die Unternehmensgröße,
- die Größe des Bereiches Materialwirtschaft sowie deren Teilbereiche (Arbeitskräftezahl) und die dadurch bedingte Aufteilung der Arbeit und
- die zur Durchführung der Materialwirtschaftsaufgaben zur Verfügung stehenden Organisationsmittel (zum Beispiel Einsatz von EDV-Systemen).

Damit Mängel bei der Gestaltung der Organisation vermieden werden, sollten ferner folgende Grundregeln eingehalten werden:

- Zweck und Ziel jeder Tätigkeit müssen bekannt sein. Es genügt nicht, Ziele zu fixieren, sie müssen auch bekannt gemacht werden.

- Damit die Arbeitsabwicklung effizient gestaltet werden kann, sollte regelmäßig geprüft werden, wie die beschriebenen Ziele erreicht werden, um notfalls lenkend eingreifen zu können.

- Jeder muß wissen, wofür er zuständig ist. Dazu gehört ein fest umrissenes Arbeitsgebiet mit klarer Kompetenzzuweisung innerhalb eines Gesamtsystems, das in seiner groben Ausgestaltung und in seinen Zusammenhängen jedem Mitarbeiter erklärt werden kann.

- Einheitliche Führung und eindeutige Unterstellungsverhältnisse verhindern Unsicherheiten.

- Jede Führungskraft ist für die gesamte Tätigkeit seiner ihm unterstellten Mitarbeiter verantwortlich.

- Wer für etwas verantwortlich ist, muß auch die Mittel und Befugnisse erhalten, die er zur Durchsetzung braucht.

Die Tätigkeitsfelder der Materialwirtschaft in der traditionellen Organisationsform sind nicht in einer Funktion integriert. Der Ein-

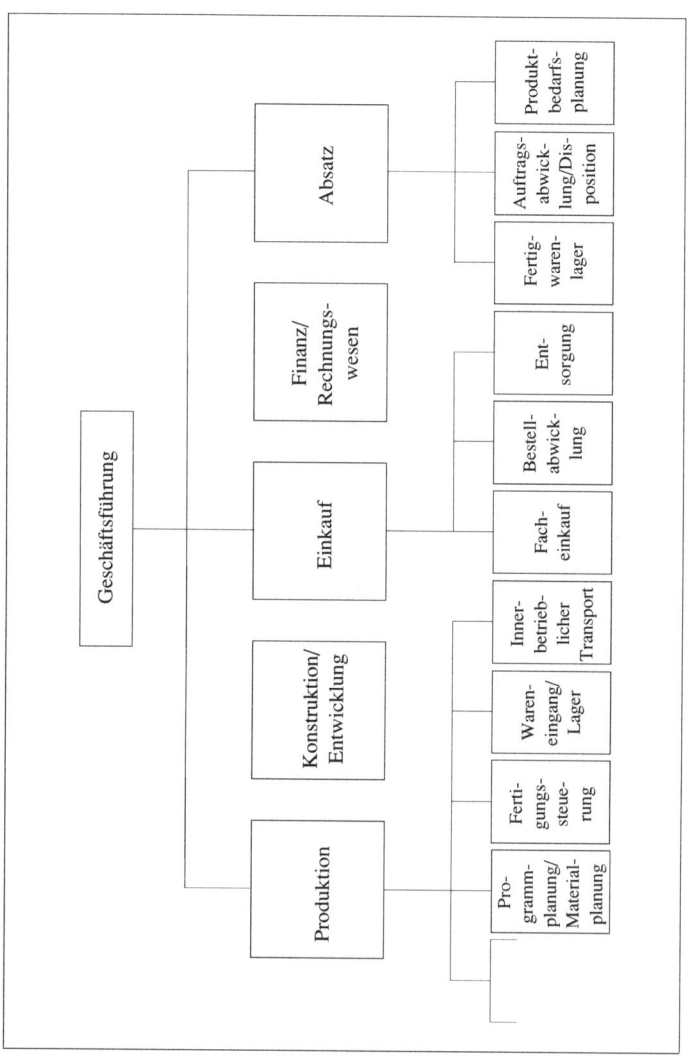

Abbildung 3: Beispiel einer traditionellen, nicht integrierten Organisationsform der Materialwirtschaft

Entnommen aus: Fieten, Robert: Integrierte Materialwirtschaft, 2. Aufl., Frankfurt 1986, S. 38.

23

kauf inklusive der Entsorgung untersteht direkt der Geschäftsführung. Die weiteren Funktionen der Materialwirtschaft sind im wesentlichen auf die Bereiche Produktion und Absatz verteilt (siehe Abbildung 3). Durch diese Organisationsform wird eine starke Marktorientierung des Einkaufs ermöglicht. Die logistischen Bereiche *Disposition/Versorgungssteuerung*, *Bevorratung/Lager* und *Verteilung/Transport* können jedoch nicht ganzheitlich betrachtet werden, so daß Schnittstellenprobleme auftauchen, die beispielsweise zu hohen Lagerbeständen, geringer Lieferbereitschaft durch schlechte Information und schlechte Gemeinkostenkontrolle der logistischen Bereiche führen.

Diese Erkenntnis hat zur Weiterentwicklung der Organisation in der Form der klassischen Materialwirtschaftsorganisation (siehe Abbildung 4) geführt, die auch in vielen (vor allem mittelständischen) Unternehmen auch heute noch so realisiert ist.

Hierbei werden in Anlehnung an die Definition des Begriffs *Materialwirtschaft* (siehe dazu Abschnitt 1.1) alle Bereiche der Bewirtschaftung der in die Produktion eingehenden Materialien unter Leitung des Fachbereiches Materialwirtschaft gestellt. Somit ist es möglich, die einzukaufenden Materialien mit den Beständen der Wareneingangsläger abzustimmen und durch die klare Zuweisung der Verantwortlichkeit positiv auf die Vorratshöhe einzuwirken. Das in Vorräten gebundene Kapital und die entsprechenden Zinsen können gesenkt werden. Es erfolgt damit eine positive Ergebniswirkung.

In dieser Organisationsform ist aber immer noch nicht eine durchgängige Materialflußbetrachtung möglich. Schnittstellenprobleme zwischen den Bereichen Materialwirtschaft, Produktion und Absatz bleiben wie auch bei der traditionellen Organisationsform bestehen.

Hieraus hat man das Konzept der integrierten Materialwirtschaft abgeleitet, in dem neben der marktgerichteten Einkaufsfunktion

24

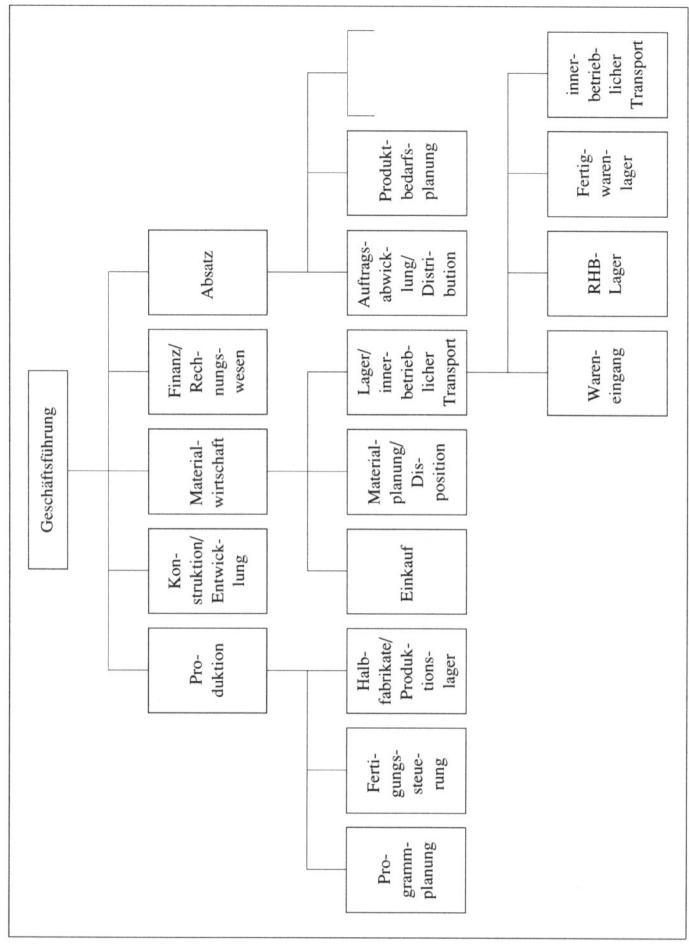

Abbildung 4: Beispiel einer klassischen Materialwirtschaftsorganisation

Entnommen aus: Fieten, Robert: Integrierte Materialwirtschaft, a.a.O., S. 39

auch der gesamte Materialfluß in den Verantwortungsbereich der Materialwirtschaft fällt (siehe dazu auch Abschnitt 1.1 und Abbil-

25

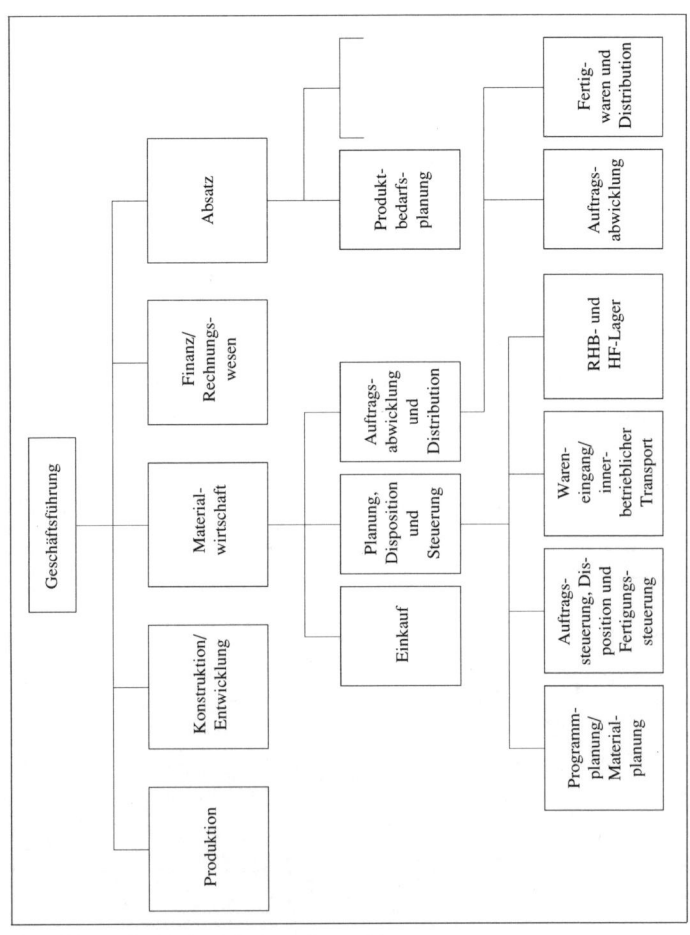

Abbildung 5: Beispiel einer integrierten
Materialwirtschaftsorganisation
Entnommen aus: Fieten, Robert: Integrierte Materialwirtschaft,
a.a.O., S. 43.

dung 5). Alle Tätigkeitsbereiche und Funktionen der Materialbe-
wirtschaftung (siehe dazu Abschnitt 1.5) werden vom Material-

wirtschaftsbereich integriert in die Gesamt-Unternehmensorganisation verantwortet.

Das Funktionieren dieser Organisationsform setzt allerdings gut ausgebildete Mitarbeiter, die in Gesamtzusammenhängen denken können, und ein integriertes EDV-gestütztes Planungs-, Steuerungs- und Abwicklungssystem als Informationsbasis voraus.

2.2 Organisationsformen der Materialwirtschaft

2.2.1 Zentrale und dezentrale Organisationsformen

Zentralisation und Dezentralisation materialwirtschaftlicher Tätigkeitsbereiche

Die Frage der Zentralisation und Dezentralisation der Materialwirtschaft wird in den letzten Jahren sehr kontrovers in den Industrieunternehmen gestellt, indem man in der Praxis bezogen auf die Materialwirtschaft, die Zentralisation oder Dezentralisation materialwirtschaftlicher Tätigkeitsfelder (siehe Abschnitt 1.5) folgendermaßen diskutiert: entweder hin zu einer integrierten Materialwirtschaft als Zentralisierung der Tätigkeitsfelder der Materialwirtschaft (siehe dazu Abbildung 5) oder hin zu einer Dezentralisierung der Tätigkeitsfelder der Materialwirtschaft, wobei die Tätigkeitsfelder der Materialwirtschaft auf mehrere Abteilungen verteilt sind (siehe dazu Abbildungen 3 und 6).

Während in den siebziger und achtziger Jahren ein starker Trend zur *Zentralisation* der Tätigkeitsfelder zu beobachten war, gewinnt heute die Dezentralisation wieder mehr an Bedeutung. Gründe hierfür liegen in einer Änderung der Ausrichtung der Unternehmenspolitik zu möglichst kleinen, überschaubaren und selbst er-

27

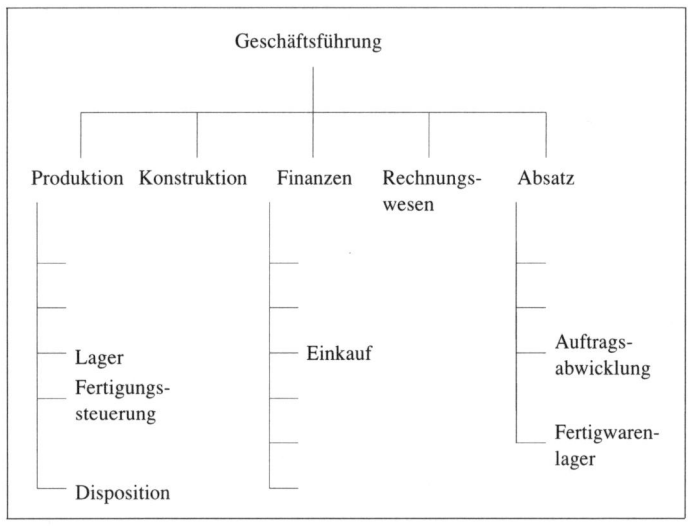

Abbildung 6: Beispiel einer Dezentralisation der
Tätigkeitsbereiche der Materialwirtschaft

gebnisverantwortlichen (profit center) Geschäftsbereichen und in
der Verbesserung der EDV-Technologie, so daß die Vorteile einer
Zentralisation tendenziell auch in einer dezentralisierten Form genutzt werden können.

Ursprünglich bezog sich die Fragestellung auf einen zentral und
dezentral organisierten Einkauf für Unternehmen, die mehrere
Produktionsstätten an unterschiedlichen Standorten haben. Aspekte dieser Organisationsform werden im nächsten Abschnitt betrachtet.

Zentrale und dezentrale Einkaufsorganisation

Die Frage der Zentralisation bzw. Dezentralisation beispielsweise
der Einkaufsabteilung muß im Zusammenhang mit dem gesamten
betrieblichen Aufbau gesehen werden. Diese Frage bezieht sich

28

auf verschiedene Abteilungen eines Werkes, auf verschiedene Werke eines Unternehmens, ebenso wie auf wirtschaftlich selbständige Einzelunternehmen der verschiedenen Größenordnungen und der verschiedenen Branchen.

Die in der Praxis auftretenden Formen der Zentralisierung und Dezentralisierung des Einkaufs kann man in folgende Gruppen einteilen:

■ **Zentralisierung:**

– Totale Zentralisierung

– Zentralisierung mit Ausnahmen

– Zentrale Abschlüsse – dezentrale Abrufe

■ **Dezentralisierung:**

– Totale Dezentralisierung

– Dezentralisierung mit Ausnahmen

– Dezentralisierung mit zentraler Koordination

Beim *zentralen Einkauf* werden alle Einkaufsaktivitäten innerhalb des Unternehmens über eine zentrale Einkaufsabteilung abgewickelt (Abbildung 7).

Der *Vorteil* liegt in der klaren Abgrenzung der Zuständigkeiten und der straffen Führungsmöglichkeit, in der größeren Zahl und Menge und damit dem größeren Gewicht der Abteilung. Ein umfangreicher Bedarf vermittelt im allgemeinen schützenswerte Einkaufsvorteile und Erleichterungen, die sich sowohl auf die Preise als auch auf größere Lieferbereitschaft und Entgegenkommen der Lieferanten in vielerlei Hinsicht (zum Beispiel Zahlungsbedingungen, Reklamationsmöglichkeiten) erstrecken können. Bessere

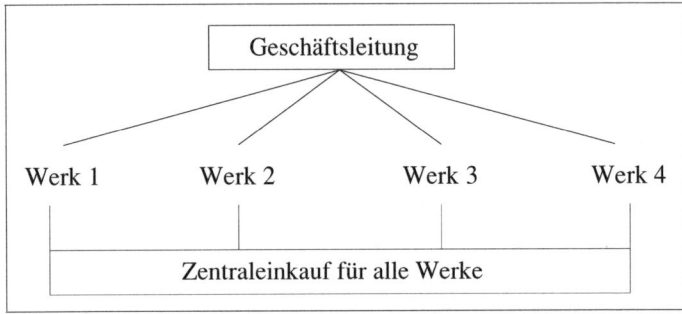

Abbildung 7: Zentrale Einkaufsorganisation

Marktbedingungen, eine größere Marktmacht und die Minimierung der Bestellkosten sind weitere positive Auswirkungen einer Bedarfszusammenfassung.

Der *Nachteil* liegt in zunehmender Schwerfälligkeit bei zunehmender Größe. Die Bürokratie wächst überproportional zum Bestellumfang. Normung und Typisierung werden zwar gefördert, aber der lebendige Erfahrungsaustausch zwischen Lieferanten und den Bedarfsstellen ist unterbrochen. Muß die zentral bestellte Ware auch noch zentral geliefert werden, dann entstehen durch Transportumwege und mehrmalige Ein- und Umlagerungen kostenmäßig Nachteile.

Der *dezentrale Einkauf* ist dadurch gekennzeichnet, daß die einzelnen Einkaufssektoren eigenverantwortlich sind und nur den Betriebs- und Bedarfsstellen, für die sie arbeiten, oder auch nur der Geschäftsleitung Rechenschaft ablegen müssen.

Der *Vorteil* liegt in kurzen Informationswegen, Flexibilität, einer raschen Abwicklung der Bestellungen, kurzen Transportwegen, besseren Produkt- und Produktionskenntnissen sowie einer höheren Motivation der Mitarbeiter.

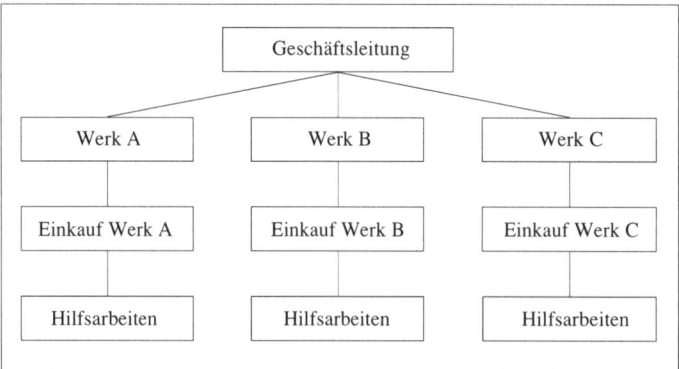

Geschäftsleitung		
Werk A	Werk B	Werk C
Einkauf Werk A	Einkauf Werk B	Einkauf Werk C
Hilfsarbeiten	Hilfsarbeiten	Hilfsarbeiten

Abbildung 8: Dezentrale Einkaufsorganisation

Nachteilig sind die kleineren Bestellmengen mit allen Folgen, wie geringeres Interesse beim Lieferanten, höhere Preise bzw. geringere Rabattsätze und gegebenenfalls Wegfall eines Umsatzbonus.

Aus dem Bestreben, die Nachteile des zentralen und dezentralen Einkaufs zu vermeiden und gleichzeitig in den Genuß ihrer Vorteile zu kommen, haben sich *Mischformen* gebildet, die beispielsweise durch dezentralen Einkauf mit zentraler Überwachung und Steuerung gekennzeichnet sind. Diese Organisationsform kommt dem Streben des unteren und mittleren Managements nach möglichst weitgehender Verantwortlichkeit und dem Wunsch nach guter Zusammenarbeit auf gleicher Ebene mit anderen Sparten des Unternehmens (Konstruktion, Produktion, Vertrieb, Planung und Disposition) entgegen.

Die Datenverarbeitung gibt der Einkaufsabteilung so rasch und vollständig Kenntnis von den Vorgängen in den einzelnen Einkaufssparten, daß der Überblick gewahrt bleibt. Die Zentrale kann sehr rasch feststellen, wo und zu welchem Preis eingekauft wird. Differenzen und Überschneidungen werden schnell erkannt und können beseitigt werden.

Die Möglichkeit, Rabatt- und Bonusverhandlungen in der Zentrale zu führen, aber die Abwicklung der Abrufe zu delegieren, zeigt, daß eine solche Mischform der Organisation durchaus in der Lage ist, die Vorteile des zentralen Einkaufs mit denen des dezentralen Einkaufs zu vereinen.

Es ist auch eine andere Art der Mischform denkbar, bei der zum Beispiel alle Anlagegüter und hochwertigen Waren zentral, Verbrauchsmaterialien dagegen dezentral eingekauft werden (Abbildung 9). Mischformen jeder Art werden auch deswegen bevorzugt, weil sie krisenfester sind. Störungen der Verkehrs- und Nachrich-

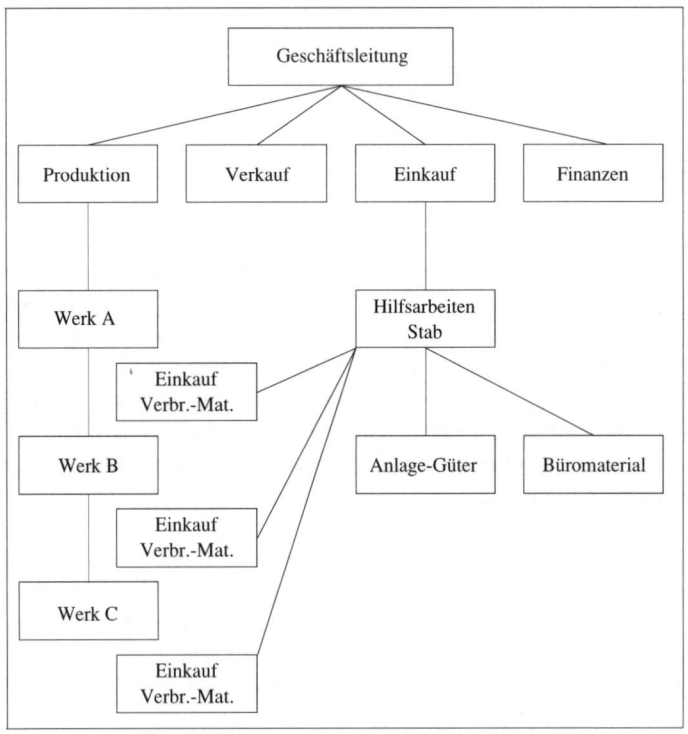

Abbildung 9: Zentral-dezentrale Einkaufsorganisation

tenmittel und personelle Ausfälle können hier leichter ausgeglichen werden. Initiative und Verantwortung werden weitgehend delegiert, Steuerung und Überwachung konzentriert.

Es gilt, zwischen dem, was zentralisiert werden muß und dem, was dezentralisiert werden kann und soll, zu differenzieren. *Zentralisiert* werden muß das Festlegen der Zielsetzungen und der zu erreichenden Ergebnisse, der Geschäftspolitik, der Richtlinien und der Direktiven. *Dezentralisiert* werden soll und kann die Verantwortung für das Ausführen, das Geben von Zielsetzungen für das mittlere Management ohne in Einzelheiten hineinzuregieren.

2.2.2 Funktions- und objektbezogene Organisation – dargestellt am Beispiel des Einkaufs

Wichtig für einen reibungslosen Arbeitsablauf im Einkauf ist eine Gliederung, die sowohl den sachlichen Notwendigkeiten als auch dem Arbeitsanfall gerecht wird. Sachliche Notwendigkeit bedeutet, genau abgegrenzte und übersichtliche Sachgebiete zu schaffen, die die Voraussetzung für eine erfolgreiche Arbeit bilden. Bei der inneren Organisation des Einkaufs als Teil der Materialwirtschaft ist zwischen drei Prinzipien zu wählen:

– Funktionsprinzip,
– Objektprinzip,
– Funktions-Objekt-Prinzip.

Das Funktionsprinzip geht von den einzelnen, den Arbeitsablauf bestimmenden Funktionen des Einkaufs aus. Die jeweiligen Grundfunktionen, wie beispielsweise Beschaffungsmarketing, Auftragsabwicklung, Terminüberwachung und Einkaufscontrolling, werden in besonderen Unterabteilungen zusammengefaßt.

33

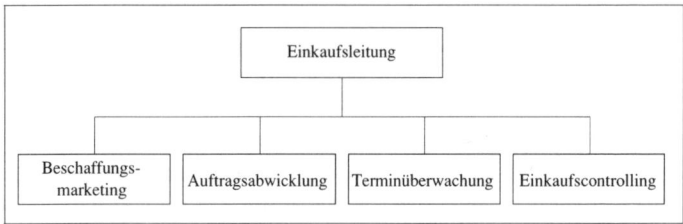

Abbildung 10: Beispiel für funktional gegliederten Einkauf

Da bei diesem Prinzip jeder Sachbearbeiter nur wenige Funktionen zu erfüllen hat, kann durch die starke Spezialisierung ein hoher Produktivitätsgrad erreicht werden. Der Nachteil dieser Organisationsform besteht jedoch darin, daß jeder Sachbearbeiter die Übersicht über die arbeitsmäßigen Zusammenhänge verliert. Weitere Nachteile können durch unterschiedliche Auslastung oder durch Doppelarbeit, verstärkte Kommunikation zwischen den Unterabteilungen und die damit verbundene Bürokratisierung entstehen.

Die innere Gliederung des Einkaufs nach dem Objektprinzip führt zu einer Abteilungsbildung, die von den zu beschaffenden Materialien oder Waren ausgeht. Beim *Objektprinzip* hat jeder Einkäufer für die ihm übertragenen Material- oder Warengruppen sämtliche Einkaufsgrundfunktionen selbst auszuführen.

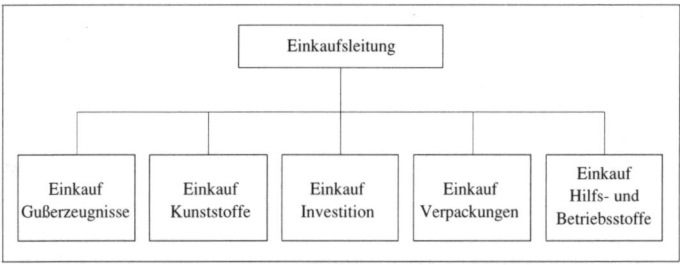

Abbildung 11: Beispiel für objektbezogenen Einkauf

Der Aufbau hat den *Vorteil*, daß jeder Einkäufer sein Arbeitsgebiet vollständig übersieht und daß Doppelarbeit und zusätzliche Informationen zwischen den Abteilungen (wie beim Funktionsprinzip) vermieden werden. Der *Nachteil* dieser Organisationsform zeigt sich in einer wenig rationellen Arbeitsweise, da eine auf die Funktion ausgerichtete Spezialisierung fehlt und hochqualifizierte Mitarbeiter auch für weniger wichtige Aufgaben eingesetzt werden.

Der Aufbau einer Einkaufsabteilung nach dem Funktionsprinzip oder dem Objektprinzip in ihrer jeweils reinen Form hat sich im allgemeinen nicht als vorteilhaft erwiesen. Er ist daher in der Praxis kaum zu finden. Dagegen setzt sich die Kombination beider Gliederungsprinzipien, das *Funktions-Objekt-Prinzip*, immer mehr durch. Die Gliederung des Einkaufs nach Materialhaupt- und -untergruppen (Objektprinzip) ermöglicht dabei eine Spezialisierung des Einkäufers auf bestimmte Material-/Warenarten und die für diese Material- und Warenarten typischen Märkte. Die einfachen Funktionen, die für alle Gruppen gleich sind, wie zum Beispiel die Angebotseinholung, das Ausschreiben der Bestellungen, die Überwachung der Lieferungen, das Ablegen des Schriftwechsels und die Einkaufsstatistik, werden mehr oder weniger verselbständigt.

Die Einteilung der *Einkaufssachgebiete* kann auch unter folgenden Gliederungsgesichtspunkten erfolgen:

– Waren- oder Materialgruppen,
– Betriebsabteilungen,
– Erzeugnisgruppen des eigenen Unternehmens,
– Binnen- und Außenmärkte.

Am häufigsten trifft man die Gliederung der Einkaufsabteilung nach Waren- und Materialgruppen an.

Trotzdem haben auch die anderen Gliederungsgesichtspunkte in bestimmten Fällen ihre Berechtigung, und sie werden deshalb in der Praxis auch angewandt. Bei einer anderen Gliederung der Einkaufsabteilung als nach Waren- und Materialgruppen ist es wichtig, immer sicherzustellen, daß ein Austausch zwischen den einzelnen Bedarfsträgern und eine Koordinierung der Beschaffungstätigkeit erfolgen.

Bedeutender Bedarf an Importgütern ist häufig der Anlaß dafür, die Aufgaben des Einkaufs bei ausländischen Lieferanten hierfür besonders geschulten Einkäufern zu übertragen und sie somit von der normalen Arbeitsteilung nach Warengruppen auszunehmen. Allerdings kann das Unternehmen auf eine derartige Regelung verzichten, wenn sie sich zum Bezug ausländischer Waren einheimischer Importeure bedient.

Bei der inneren Organisation des Einkaufs ist im Rahmen der Ablauforganisation noch zu unterscheiden zwischen gestaltenden und verwaltenden Tätigkeiten. Zu den *gestaltenden Tätigkeiten* zählen beispielsweise die Marktbeobachtung, die Verhandlung mit Lieferanten, die Bestellentscheidung, das Ausarbeiten der Bestellung sowie die Auswertung dateimäßiger oder statistischer Aufzeichnungen.

Die *verwaltenden Tätigkeiten* umfassen dagegen in der Hauptsache die Routinearbeiten. Hierzu zählen beispielsweise Routineanfragen, Schreiben der Bestellungen und Terminüberwachung.

Bei der Einkaufsorganisation ist es – genau wie bei allen anderen Bereichen der Unternehmung – zweckmäßig, nach dem sogenannten *Baukastenprinzip* zu arbeiten. Das bedeutet die Bildung von Arbeitsgruppen, gewissermaßen als Elementareinheiten oder Bausteine, die in sich abgeschlossen arbeiten und nach dem jeweiligen Arbeitsanfall aneinandergereiht und zusammengefaßt werden können. Eine solche Baukasteneinheit ist zum Beispiel die Kombination von zwei Sachbearbeitern mit einer Hilfskraft zu einer Dreiergruppe, die zwei Sachgebiete betreut. Diese Form ist sehr elastisch und dadurch in der Lage, die anfallenden Neben- und Hilfsarbeiten zu bewältigen, ohne daß die Aufmerksamkeit der Sachbearbeiter vom eigentlichen Einkauf abgelenkt wird.

2.3 Fehlerquellen und Schwachstellen in der Organisation

Nur selten werden organisatorische Fehlerquellen und Schwachstellen in ihrem Umfang und in ihren Auswirkungen erkannt. Im folgenden werden einige Fehlerquellen und Schwachstellen aufgeführt, die den Materialwirtschaftlern das Erkennen und damit auch das Ergreifen von notwendigen, verbessernden Maßnahmen erleichtern sollen:

– Falsch oder nicht zweckmäßig eingeteilte Sachgebiete führen zu Überschneidungen und oft auch dazu, daß sich mehrere Sachbearbeiter mit gleichen Sachfragen beschäftigen müssen. Das bedeutet letztlich eine starke Doppelbelastung.

– Unterlassene Zentralisation beispielsweise des Einkaufsgeschehens ist ein Mangel, der zur Folge haben kann, daß die gleichen Gegenstände bei gleichen Lieferanten zu unterschiedlichen Preisen und Konditionen eingekauft werden.

– Ungenügend geklärte Zuständigkeiten und Verantwortlichkeiten bewirken in der Materialwirtschaft immer wieder einen minderen Wirkungsgrad der Arbeit, weil ständig Zeit für Kompetenzabgrenzung verwendet werden muß. Auch ist eine Reihe von psychologischen Hemmungen mit der mangelhaften Zuständigkeits- und Verantwortlichkeits-Abgrenzung verbunden, die nicht nur die Arbeitsfähigkeit der einzelnen Mitarbeiter, sondern auch das Arbeitsklima beeinträchtigen.

37

- Mangelhafte Arbeitsdelegation ist eine Ursache für mindere qualitative und quantitative Arbeit im Bereich Materialwirtschaft. Engpässe im Arbeitsablauf, Behinderung des reibungslosen Durchflusses der Bedarfsmeldungen, Überlastungen und Minderauslastungen sind Folgen der mangelhaften Arbeitsdelegation.

- Ein unübersichtlicher, langwieriger Arbeitsablauf bringt meistens Unübersichtlichkeit in das gesamte System der Materialwirtschaft. Er verlangt ständig zeitraubende Abstimmungen, bedeutet Zeitverlust und Verzögerung des Arbeitsablaufes. Eine *Reorganisation* der Materialwirtschaft – soll sie von Grund auf geschehen – wird deshalb zweckmäßigerweise in der Mehrzahl der Fälle am besten vom Arbeitsablauf her vorgenommen.

- Engpässe und Arbeitsverzögerungen sind auch Gründe für Rückstände und für einen exzentrischen Arbeitsdurchlauf. Sie wirken sich meist in der gesamten Materialwirtschaft aus.

- Mangelhaftes Formularwesen, vor allem durch nicht durchdachte Formulare, führt oft zu Arbeitsüberlastung und in letzter Konsequenz dazu, daß wichtige Arbeitsvorgänge nicht mehr oder nur mangelhaft erledigt werden. Die Entscheidungen werden unsicher und zufallsbetont.

- Falsche Arbeitszeitnutzung infolge einer nicht richtigen Schwerpunktgestaltung, beispielsweise der Einkaufsarbeit, hat zur Folge, daß der größere Teil der Arbeitszeit der Einkäufer auf die verwaltenden Vorgänge statt auf die gestaltenden Arbeiten verwendet wird. Die Qualität des Einkaufsverfahrens muß immer unter einer derartigen Einteilung leiden, weil dadurch nicht genügend Zeit bleibt, die wirklichen Einkaufsfragen genügend zu durchdenken. Eine Beseitigung dieser Schwachstelle ist nur durch die Entwicklung einer umfassenden Konzeption möglich, die es erlaubt, eine Umstrukturierung der Arbeitszeit-verteilung vorzunehmen.

- Mangelhafte Arbeitsplätze sind immer wieder Ursache für schlechte Leistungen und Grund für Nervosität und Resignation der Mitarbeiter.

- Mangelhafte Ausstattung mit Organisationsmitteln, Maschinen und Geräten ist ebenfalls ein Grund für geringere Wirkungsgrade der Arbeit, vor allem dadurch, daß oft höher bezahlte Arbeitskräfte mit rein mechanischen oder manuellen Prozessen über Gebühr belastet werden.

- Unterlassene oder falsche Standardisierung von materialwirtschaftlichen Vorgängen ist eine Ursache für mindere qualitative und quantitative Arbeit.

- Mangelhafte Arbeitsvorbereitung, verbunden mit einer stark zufallsbetonten exzentrischen Arbeitsabwicklung, führt auch zu Wirkungsgradverlusten. Arbeitsvorbereitungen sind nicht nur im technischen Sektor denkbar und erforderlich, sondern auch im kaufmännischen Bereich, wo es darum geht, durch eine überlegte Arbeitsvorbereitung und Arbeitsplanung zu einem optimalen Arbeitsdurchlauf zu kommen.

2.4 Organisationsmittel in der Materialwirtschaft

2.4.1 Materialwirtschaftshandbuch und Stellenbeschreibungen

Um zu gewährleisten, daß fortschrittliche Konzeptionen und Prinzipien der Materialwirtschaft auch voll verwirklicht werden, müssen entsprechende Organisationsmittel eingesetzt werden. Wichtig ist es, daß alle eingesetzten Mittel zu einer Unterstützung der Mitarbeiter führen und keine bürokratischen Einengungen, die leicht entstehen können, geschaffen werden. Flexibilität und Eigeninitiative der Mitarbeiter werden dann unterdrückt.

Mit dem *Materialwirtschaftshandbuch* wird ein Wegweiser geschaffen, anhand dessen Richtlinien sich die Mitarbeiter orientieren können. Insbesondere erhalten auch neue Mitarbeiter die Möglichkeit der schnellen Einarbeitung in die Regeln und Strukturen materialwirtschaftlicher Fragestellungen des eigenen Unternehmens.

Das Handbuch ist ferner

- eine Unterlage zur Information der übrigen Abteilungen über Gliederung und Arbeitsweise der Materialwirtschaft,
- ein wichtiges Instrument für den Materialwirtschaftsleiter zur Führung und Überwachung seines Bereiches und
- ein Beitrag zu guten Lieferantenbeziehungen.

Es dient

- zur Sicherstellung einer einheitlichen, rationellen Arbeitsweise und zugleich zur Verhinderung eigenmächtiger Änderungen und
- zur Standardisierung von Vorgängen, die als generelle Regelungen den Materialwirtschaftler mehr Sicherheit bei der Arbeitsdurchführung und Entscheidungsfindung geben.

Darüber hinaus werden der Personalaustausch und der Einsatz von Vertretern bei Urlaub und Krankheit erleichtert.

Zu beachten ist, daß der Umfang eines Materialwirtschaftshandbuchs stark eingeschränkt sein sollte. Ein Grund dafür ist, daß so die bereits genannte bürokratische Einengung verhindert werden kann. Ein zweiter Grund besteht darin, daß in der Praxis kaum ein Mitarbeiter bereit sein wird, sich permanent mit einem „lexikonartigen" und vielleicht für ihn auch noch unübersichtlichen Handbuch auseinanderzusetzen. Der Zweck wird dann nicht erreicht, weil die Akzeptanz fehlt.

Die folgende grobe Gliederung soll einen kurzen Überblick über *Inhalt und Aufbau eines Materialwirtschaftshandbuchs* geben:

- Volkswirtschaftliche Rahmenbedingungen,
- Unternehmensgrundsätze/-politik,
- Grundsätze der Materialwirtschaft/Materialwirtschaftspolitik,
- Arbeitsgrundsätze,
- Führungsgrundsätze,
- Organisation der Materialwirtschaft,
- Stellenbeschreibungen,
- Aufgabenstellungen,
- Dispositionsverfahren,
- Fertigungssteuerungsverfahren,
- Einkaufsverfahren,
- spezielle EDV-Anwendungen,
- Statistikverfahren,
- Versandverfahren,
- innerbetrieblicher Transport,
- Formularwesen,
- Ablaufdiagramme,
- EDV-Schlüssel.

Innerhalb der Grobgliederung des Materialwirtschaftshandbuchs ist als Gliederungspunkt die Beschreibung der Stellen aufgenommen worden. *Stellenbeschreibungen* können beispielsweise für die Arbeitsplatzbeurteilung oder -ausschreibung von Bedeutung sein. Der Arbeitsumfang wird verdeutlicht und damit auch die Zielsetzung der Stelle.

41

In einer Stellenbeschreibung sollte enthalten sein:

- das Ziel der Stelle,
- die disziplinarische und fachliche Unter- und Überstellung,
- die Regelung der Vertretung,
- die Vollmachten,
- eine grobe Skizzierung der Aufgabenfelder.

Materialwittschaftshandbuch und Stellenbeschreibungen können somit unterstützende Organisationsmittel für die tägliche Arbeit bieten. Jedoch darf der Einsatz solcher Organisationsmittel nicht zu einer „Über-Organisation" führen, die dann insbesondere bei den Mitarbeitern zur Demotivation und Hemmung der Eigeninitiative führt.

2.4.2 Einsatz von Datenverarbeitung

Neben den physischen Materialflüssen müssen für ein funktionsfähiges, ganzheitliches System der Materialwirtschaft auch die Informationsflüsse in jede organisatorische Überlegung mit eingebunden werden. Eine Vielzahl von Informationen und Daten ist innerhalb der Materialwirtschaft zu verarbeiten. Ohne leistungsfähige EDV-gestützte Programmsysteme in der Materialwirtschaft, die in ein Gesamtsystem eingebunden sind, sind die zu erfüllenden Aufgaben für diesen Bereich nicht mehr zeitgemäß zu lösen.

In den letzten Jahren sind für die Lösung dieser Aufgabenstellungen vielfältige *Standard-Software-Pakete* entstanden. Für die meisten Unternehmen – vor allem für die meisten kleinen und mittleren Unternehmen – ist heute eine eigene Entwicklung von Software in größerem Umfang kaum durchsetzbar, weil das finanzielle Engagement durch hochbezahlte EDV-Spezialisten kaum zu tragen ist. Es ist daher ein großer Markt von Standardprogrammen entstanden, einerseits als integrierte Lösung für das gesamte Unternehmen und andererseits ohne die Möglichkeit der Integration. Bei der Neueinführung eines Programmsystems sollte man auf die Integrationsmöglichkeit großen Wert legen, um den logistischen Erfordernissen für das Unternehmen gerecht zu werden.

Weiterhin sollte man darauf achten, daß ein solches System neben der Abwicklung des Tagesgeschäftes auch in der Lage ist, die notwendigen planenden, steuernden und kontrollierenden Aufgaben im Sinne eines *Materialwirtschafts-Controlling* zu unterstützen. Bei der Abwicklung muß ein Software-Programm unbedingt die Flexibilität besitzen, neben den Standard-Bedarfsfällen auch Ausnahmen, wie Investitionsgütereinkauf etc., ohne Probleme zu bearbeiten. Das Programmsystem sollte eine hohe Anwenderfreundlichkeit beispielsweise durch Menüpunktführung bzw. Pull-Down-Menüs und Bedienerhilfen etc. aufweisen, damit eine hohe Akzeptanz des Anwenders erreicht werden kann.

Ideallösungen für ein Unternehmen beim Einsatz von Standard-Software-Paketen gibt es im Regelfall nicht. Durch eine gründliche Planung, schriftliche Fixierung der Anforderungen (zum Beispiel keinen Mehraufwand durch Doppelerfassung von Daten zulassen, elektronische Medien in das Gesamtsystem einbeziehen), frühzeitiges Einbeziehen der Anwender und vor allem durch eine permanente Qualifizierung der Mitarbeiter ist eine große Anzahl von Problemen vermeidbar. Gerade im Bereich Materialwirtschaft muß man sich dieser Herausforderung stellen, weil nur so ein kostengünstiger Materialfluß für sehr viele unterschiedliche Materialien gewährleistet wird.

43

3 Aufgabe und Inhalt industrieller Beschaffungsplanung

3.1 Aufgabe der Beschaffungsplanung

Moderne Unternehmensführung ist ohne Planung nicht denkbar. Ebenso ist eine unternehmerisch ausgerichtete Materialwirtschaft ohne Planung heutigen Anforderungen nicht gewachsen. *Planung ist die geistige Vorwegnahme zukünftigen Handelns.* Planung ist insofern auch als Grundlage für zielgerichtetes Handeln zu verstehen. Sie ist die Grundlage für Kontrolle (Soll-Ist-Vergleiche) und bietet aufgrund der gewonnenen Erfahrungen die Basis für eine entsprechende Korrektur.

Die *Hauptmerkmale* einer Planung bestehen

- in der Zukunftsbezogenheit,

- in der Rationalität,
  (zielgerichteter, methodisch-systematischer Problemlösungsprozeß, im Gegensatz zur Improvisation),

- im Gestaltungscharakter,

- im Prozeßcharakter
  (die Planung ändert sich durch Lernprozesse).

Planung ist beschreibend, dient als Vorgabe (Sollcharakter) und stellt eine bedingte Empfehlung zur Lösung eines Problems dar.

Die *Beschaffungsplanung* leistet in diesem Zusammenhang einen Beitrag für die Sicherstellung der Produktion und der Lieferbereitschaft. Daher sind *Gütermengen* und *-arten* sowie *Termine* gemeinsame Planobjekte der Materialbedarfs-, Einkaufs- und Lagerplanung. Hinzu tritt bei der Einkaufsplanung die Planung der Lieferanten und Preise (*wertmäßige Planung*), bei der Lagerplanung die Planung der Lagerkapazität.

Als Steuerungs- und Kontrollinstrument zur Sicherung einer wirtschaftlichen Materialversorgung ist der Beschaffungsplan Bestandteil der *Ergebnisplanung*.

Schließlich kann der Beschaffungsplan Instrument einer planvollen Lieferantenpolitik sein.

Beschaffungsplanung als systematische Vorschau auf die künftigen Einkaufsverträge vermittelt frühzeitig Erkenntnisse für zu treffende Entscheidungen und deckt häufig erst Probleme auf, zum Beispiel Bedarfszusammenfassung, Entscheidungen über Zukauf oder Eigenfertigung, Änderungen von Qualitäten und Toleranzen, Berücksichtigung des technischen Fortschritts und der Mode.

Als Steuerungs- und Kontrollinstrument wird Beschaffungsplanung in der Regel als Zielplanung ausgestaltet sein und daher häufig den Charakter einer Vorgabe tragen. Dabei handelt es sich dann um eine wertmäßige Planung.

Die Zielplanung setzt ein meist finanzielles Soll, das es zu erreichen oder einzuhalten gilt. Das erreichte Ist wird an der Vorgabe gemessen.

Werden Ausgaben für zu beschaffende Waren oder Materialien budgetiert, ohne daß dieses *Budget* zwingend einzuhalten oder anzustreben ist, spricht man von einem *Rahmenplan*. Das Budget setzt sich dabei aus dem Wert der zu beziehenden Waren sowie den damit verbundenen Bezugskosten (Gemeinkosten) aus dem Einkaufsplan, den Kapitalkosten aus dem Lagerplan und aus anderen Gemeinkosten aus dem Materialbedarfs- und Lagerplan zusammen. Somit werden der Materialwirtschaft Richtgrößen als Orientierungshilfen gegeben.

Wird Beschaffungsplanung dagegen zur Sicherung der Produktion oder als Grundlage einer gezielten Lieferantenpolitik betrieben, so ist sie als mengenmäßige und mengenorientierte Planung aufzubauen. Sie ist dann in der Regel eine *Maßnahmenplanung*.

Eine Maßnahmeplanung ist zwar auch zielorientiert, jedoch beschreibt sie Handlungen und Maßnahmen, ist also Ablaufplanung, wie etwa mittel- und langfristigen Sicherung von Rohstoffquellen, Bestell- oder Abrufplanung. Genauigkeit und Sicherheit der Beschaffungsplanung wachsen mit zunehmender beherrschender Marktstellung des Unternehmens, zunehmender Überschaubarkeit des Marktes und geringer technologischer Veränderungen des Marktes.

Daher ist eine gute Beschaffungsplanung mit intensiver Beschaffungsmarktforschung verbunden.

Die Notwendigkeit einer Beschaffungsplanung ergibt sich aus den im folgenden genannten Gründen.

■ Außerbetriebliche Beschaffungsplanung

Die Marktsituation kann sich von Grund auf wandeln. Die Märkte – und damit das Angebot – sind durch die Bildung von Wirtschaftsgemeinschaften (zum Beispiel EU) größer geworden. Die Einkaufsmöglichkeiten werden dadurch vielfältiger, aber auch schwieriger.

Im expandierenden Unternehmen müssen erweiterte Produktionskapazitäten immer wieder mit neuen Stoffen versorgt werden.

Die zunehmende Spezialisierung zwingt zu vorausschauenden Entscheidungen hinsichtlich der Frage „Zukauf oder Selbermachen" und zu der Überlegung möglicher Kapazitätsauslagerungen (Subcontracting).

46

■ Innerbetriebliche Beschaffungsplanung

Die betriebliche Beschaffungspolitik im Hinblick auf eine mengen-, zeit- und kostenmäßig optimale Materialbereitstellung für die Fertigung kann nur mit Hilfe einer systematischen Planung durchgeführt werden.

Die Unternehmensleitung und die betroffenen Unternehmensbereiche erhalten durch die Planung rechtzeitig einen Überblick über die in der Planperiode zu erwartenden Schwierigkeiten. Spontane, unter Zeitdruck zu fällende Entscheidungen können dadurch auf ein Minimum herabgesetzt werden.

Die Beschaffungsplanung liefert im Rahmen der betrieblichen Gesamtplanung Unterlagen für die Finanz-, Liquiditäts- und Rentabilitätsplanung.

Die Beschaffungsplanung ermöglicht die systematische Beeinflussung der Umschlagsgeschwindigkeit der Lagermaterialien sowie des Kapitals, dient also als Instrument zur Durchsetzung der gewünschten betrieblichen Einkaufs- und Lagerpolitik. Die Wirtschaftlichkeit des Unternehmens wird in jedem Fall durch Planung verbessert.

3.2 Beschaffungsplanung als Teil der Unternehmensplanung

Die Unternehmensplanung gliedert sich im wesentlichen in die Absatz-, Produktions-, Beschaffungs-, Vertriebs-, Finanz-, Personal- und Investitionsplanung (siehe Abbildung 12). Die Gesamtplanung und als Resultat das geplante Ergebnis des Unternehmens ergeben sich durch Subtraktion aller Kosten der Teilpläne vom geplanten Umsatzerlös aus dem Absatzplan.

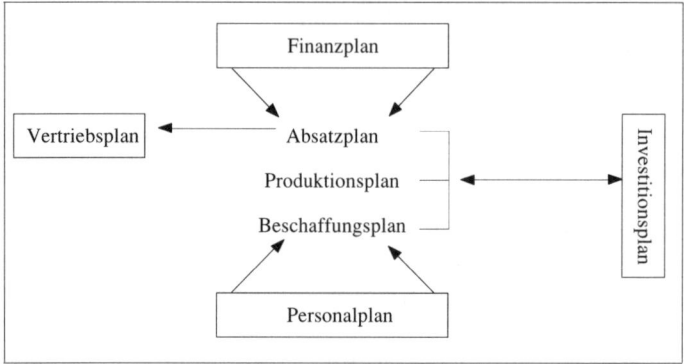

Abbildung 12: Betriebliche Teilpläne

Die wechselseitige Beeinflussung und Abhängigkeit der einzelnen Teilpläne erfordern einen engen Kontakt und einen intensiven Informationsaustausch zwischen den entsprechenden Unternehmensbereichen. Ohne enge Koordination der Bereiche gibt es keinen brauchbaren Teilplan.

Die vom Absatzmarkt her in Zukunft zu erwartenden Absatzmengen und Umsätze auf den jeweiligen Märkten und Teilmärkten werden zunächst im *Absatzplan* erfaßt (Primärbedarfsplanung, siehe Abschnitt 4.1). Aus diesem Absatzplan wird der *Produktionsplan* mengenmäßig abgeleitet.

Unter Berücksichtigung der Kapazitäten und Produktionsmöglichkeiten erfolgt hierbei die Planung der herzustellenden Produkte. Der *Beschaffungsplan* leitet sich aus dem mengenmäßigen Produktionsplan ab. Die geplanten Sekundär- und Tertiärbedarfe eines Unternehmens einschließlich der zu beziehenden Handelswaren, die direkt aus dem Absatzplan entnommen werden können, werden dabei abgeleitet.

Neben diesen im direkten Zusammenhang stehenden und voneinander abhängigen Teilplänen ergeben sich die im folgenden genannte Pläne, die sich zum Teil aus dem Absatz-, Produktions- und Beschaffungsplan ableiten lassen, zum Teil aber auch für diese eine Begrenzung darstellen.

■ Vertriebsplan

Im Vertriebsplan werden die Aktivitäten geplant, so daß die Realisation des Absatzplans möglich wird (zum Beispiel Werbeaktivitäten, Vertreterprovisionen).

■ Finanzplan

Hierbei werden nach Art, Höhe und Zeitpunkt die vorzunehmenden Finanzierungsmaßnahmen bestimmt. Einerseits basiert die Finanzplanung auf vorgelagerten betrieblichen Teilplänen, insbesondere auf Absatz- und Produktionsplanung, andererseits beeinflußt die Finanzierung auch die übrigen betrieblichen Teilpläne. In Unternehmen, die sehr stark auftrags- und kundenbezogen fertigen, wird heute in der Jahresvorschau nur dieser Plan erstellt, da die weiteren Pläne nicht vorausbestimmbar oder zu ungenau sind.

■ Personalplan

Mit dem Personalplan soll dafür Sorge getragen werden, daß zu jeder Zeit die benötigten Arbeitnehmer in erforderlicher Zahl und Qualifikation verfügbar sind.

■ Investitionsplan

Der Investitionsplan ist der Prozeß der Erstellung des Investitionsprogramms (zum Beispiel auch Ersatz- und Erweiterungsinvestitionen). Er steht in enger Beziehung zum Finanzplan, Produktionsplan und Absatzplan und wird durch diese bestimmt.

49

Die Feinheit der Plandaten der Beschaffungsplanung innerhalb der gesamten Unternehmensplanung richtet sich nach Branche, Größe und Struktur des Unternehmens sowie nach der Art der Produktion und ist auch in Abhängigkeit vom Planungshorizont, der lang-, mittel- und kurzfristig sein kann, zu betrachten.

Eine *langfristige Beschaffungsplanung* etwa, die sich im allgemeinen über einen Zeitraum von vier bis zehn Jahren erstreckt, kann nur in enger Anlehnung an die langfristige Unternehmensplanung erfolgen. Eine solche langfristige Planung kann beispielsweise für Brenn- und Rohstoffe erfolgen. Im Rahmen der zu planenden Beschaffungsmaßnahmen können Lieferverträge abgeschlossen werden, die jedoch so flexibel sein müssen, daß sich die Spezifikationen maximal auf ein Jahr erstrecken.

Daß solche langfristigen Planungen durch verschiedene äußere, nicht vorhersehbare Ereignisse gestört werden können, liegt in der Natur einer solchen Planung. In solchen Störungsfällen wird gegebenenfalls mit dem Vertragspartner über eine Änderung des Vertrages verhandelt.

Unter einer *mittelfristigen Beschaffungsplanung* versteht man eine Planung, die über einen Zeitraum von etwa ein bis drei Jahren läuft. In der Praxis spielt die einjährige Planung eine ausschlaggebende Rolle. Hierunter fällt als erstes die Spezifikationsplanung, die aus der langfristigen Planung herrührt. Als Beispiel ist der Monatsbedarf der einzelnen Brennstoffarten bzw. der Rohstoffe aufgrund der monatlichen Produktionszahlen, die im Maschineneinsatzplan der Betriebe enthalten sind, zu nennen. Außerdem sind die Güter für die Investitionen und für die Wartung der Anlagen zu betrachten, die laufend benötigt werden und für die der voraussichtliche Jahresbedarf ermittelt werden kann.

Zur *kurzfristigen Beschaffungsplanung* gehört vor allem der sporadisch auftretende Materialbedarf, der für die Wartung der Anlagen, die Reparaturen und für kleinere Investitionen betriebsnotwendig ist. Im allgemeinen ist der auftretende Materialbedarf für eine unmittelbare, einmalige Verwendung bestimmt. Es kann natürlich auch ein wiederkehrender Bedarf sein, jedoch ist der Zeitpunkt der Wiederkehr so ungewiß, daß eine Vorratshaltung nicht zweckmäßig erscheint. Ferner gehört in die kurzfristige Planung der Bedarf, der zur Auffüllung der Lagerbestände dient.

Ob lang-, mittel- oder kurzfristig, auf jeden Fall bedarf ein Beschaffungsplan der laufenden Anpassung an die neuen Gegebenheiten, die sich in der Planperiode durch strukturelle und konjunkturelle Änderungen in der Wirtschaft ergeben.

Langfristige Pläne sind meist selektiver Natur, kurzfristige bezwecken, den Bedarf insgesamt in seinen Einzelheiten zu erfassen.

3.3 Aufstellung des Beschaffungsplans

Das Beschaffungsprogramm dient hauptsächlich der Materialwirtschaft als Unterlage für ihre Kauf- und Bevorratungsdispositionen. Als Gesamtprogramm stellt es die Grundlage für ein System der Beauftragung von Federführenden für einzelne Produkte und Produktgruppen dar. Zu diesem Zweck wird eine Liste der gemeinsamen Produkte (das Gemeinsame besteht darin, daß eine Ware der gleichen Art von mehreren Werken in einem mehrgliedrigen Unternehmen oder von mehreren Betriebsstellen bezogen wird) aufgestellt. Aus dem Beschaffungsprogramm kann auch der Importplan entwickelt werden.

Nicht auf Einzelheiten eingehend und nur auf Geldwerte bezogen wird das Beschaffungsprogramm der Finanzabteilung als Beitrag zum Finanzbudget zugeleitet. Das Finanzbudget enthält neben dem End- und Gesamtwert eine Aufgliederung in voraussichtliche

Fälligkeiten aus den voraussichtlichen Verbindlichkeiten und ein Währungsbeschaffungsprogramm.

Die Beschaffungsplanung als Maßnahmeplanung ist nur dann erfolgversprechend, wenn sie auf einer klaren Zielsetzung aufbaut. Grundlage für die Festlegung der Planziele des Beschaffungsbereiches sind die aus der Unternehmenssituation und der Unternehmenspolitik heraus entwickelten Globalziele für die einzelnen Teilpläne.

Aufgabe der Beschaffung ist es, daraus in enger Zusammenarbeit mit den Bereichen Verkauf, Entwicklung, Produktion und Finanzen die detaillierten Planziele festzulegen und mit den übrigen Teilplänen zu koordinieren.

■ **Globalziele für Beschaffungsplanung**

– Kosten der Einkaufsabteilung senken
– Lagerhaltungskosten senken
– Bestellabwicklung rationeller gestalten
– Normteile und Standards verstärkt verwenden (zusammen mit der Entwicklung und dem Normenbüro)
– Substitutionsmaterial verwenden (zusammen mit der Entwicklung und der Produktion)
– Neue günstige Lieferquellen suchen
– Wegen angespannter Fertigungskapazität Zukauf bisher selbstgefertigter Teile verstärken (zusammen mit der Produktion)
– Transportkosten senken (außer- und innerbetrieblich)
– Liquidität durch Verminderung der Vorratsbestände verbessern
– Lagertechnik verbessern

Ausgehend von der mengenmäßigen Materialbedarfsplanung mit den Fragestellungen Was?, Wann? und Wieviel? Bedarf an Materialien innerhalb einer bestimmten Zeitperiode benötigt wird, erfolgt darauf aufbauend der Einkaufs- und Lagerplan.

Inhaltlich wichtige Punkte dieser Planung können der Übersicht auf den Seiten 54-55 entnommen werden.

Wie alle anderen Unternehmens-Teilpläne kann auch die Beschaffungsplanung in einzelne Teilbereiche gegliedert werden. Hierbei bietet sich folgende gegenständliche Gliederung an:

– Beschaffungsplanung im Produktionsbereich

– Beschaffungsplanung im Instandhaltungsbereich

– Beschaffungsplanung im Bürobereich

■ Beschaffungsplanung im Produktionsbereich

Bei der Beschaffung für die Produktion spielen neben der mehr oder weniger starken Kontinuität (teils Serienfertigung, teils Einzelfertigung) die Bedingungen eine Rolle, die sich aus der Natur, der Beschaffenheit und der Funktion der für ein Erzeugnis notwendigen Rohstoffe ergeben. Bei Grundstoffen ist mit anderen Regeln des Planens und Disponierens zu rechnen als bei der Beschaffung von Vorfabrikaten wie zum Beispiel Armaturen aus dem inländischen Markt.

Insbesondere muß an dieser Stelle auf *Beschaffungsmethoden* hingewiesen werden, die eine möglichst lagerlose oder zumindest lagerarme Wirtschaft durch möglichst gleichen Liefer- und Verbrauchsrhythmus (= fertigungssynchrone Beschaffung durch beispielsweise *Just-in-time-Prinzip*) zum Ziel haben, und die entsprechend in der Planung zu berücksichtigen sind.

Kurz- und langfristige Planung greifen hier ineinander über. Die kurzfristige Planung entnimmt der langfristigen Bausteine für ihre Planperiode, gegebenenfalls korrigiert sie diese. Die kurzfristige Planung reicht aber selten aus, Grundlage für ein neues Vorhaben zu sein, dazu bedarf es der langfristigen Planung, die in der Regel

Planteil	Unterlagen und Hilfsmittel
Beschaffungsplan	
– Lagerplan (Mengen und Werte am Ende der Teilperiode)	Richtlinien der Geschäftsleitung für die Lagerpolitik, -statistik mit Mengenziffern und Umsätzen, Umschlagshäufigkeit, Mindest-, Melde- und Höchstbestände, Produktionsbedarf nach Mengen und Terminen laut Produktionsprogramm, Bedarfsmengen und Termine für Handelswaren laut Absatzplan, Lieferzeiten, Bildung von Materialgruppen nach planungstechnischen Gesichtspunkten und den Ergebnissen der ABC-Analyse (siehe Kapitel 5), Darstellung der Bedarfsschwankungen bei den Schwerpunktmaterialien oder Waren
– Einkaufsplan (Art, Menge, Termine, Preise)	Richtlinien der Geschäftsleitung für die Unternehmens- und Beschaffungspolitik, Absatz-, Produktions-, Lagerplan, Bestell- und Lieferantenstatistik, Bestellobligo, Ergebnisse der ABC-Analyse, Konjunkturberichte, Befragung von Lieferanten und Vertretern, Ergebnisse der Beschaffungsmarktforschung, Informationen über Absatz- und Produktionsverhältnisse des eigenen Unternehmens
Preisermittlung	Eigene Preisstatistik, Übersicht über die Preisentwicklung der Schwerpunktmaterialien (graphische Darstellung), Angebotsunterlagen (Preislisten), Konjunkturberichte, Ergebnisse der Beschaffungsmarktforschung, Erfahrungen der Rechnungsprüfung, Übersicht über Rabattgestaltung sowie Gewährung von Boni und Skonti, Untersuchung, ob durch Abschlußauftrag Mengenrabatte erzielt werden können
Bestelltermine	Bedarfstermine laut Lagerplan sowie laut Produktions- und Absatzplan, Liste der Lieferzeiten, Konjunkturberichte, Richtwerte über Lagerreichweite der Materialien und Waren, Dispositionsunterlagen

Planteil	Unterlagen und Hilfsmittel
Materialwirtschafts-organisation (Struktur)	Organisationsplan des Unternehmens und des Bereiches Materialwirtschaft, Stellenplan, Organisationsbeispiele vorbildhafter Unternehmen, Untersuchung über Zweckmäßigkeit zentraler, dezentraler oder gemischt zentral-dezentraler Lagerung, Warenschlüssel und Nummernsysteme
Bestell- und Lagerabwicklung	Arbeitsanweisungen und Arbeitsablaufpläne von der Bedarfsermittlung bis zur Materialabgabe an die Produktion, Funktionsanalysen, Analyse der Durchlaufzeiten, Übersicht über moderne Lagertechniken und Transportmittel; Übersicht über neue organisatorische Hilfsmittel (EDV, Telefax, Btx), Studium der Fachliteratur
Beschaffungsräume und -wege (Lieferantenwahl)	Lieferantendatei mit Beurteilungsvermerken, Bezugsquellennachweise für In- und Ausland, Kataloge, Prospekte, Angebote, Messebesuche und -berichte, Ergebnisse der Markterkundung, Berichte von Banken und Wirtschaftspresse über Importbedingungen und -möglichkeiten, Untersuchungen über günstige Kaufmöglichkeiten bei Groß- und Einzelhandel
Materialfluß einschließlich Transport	Untersuchung über transportgünstige Verpackung, Transportkosten-Statistik (Schiene, Straße, Wasser, Luft), Wirtschaftlichkeitsvergleich zwischen Eigen- und Fremdtransport
Beschaffungskosten	Kostenstatistik des Einkaufs und der Lagerhaltung, Kennziffern
Beschaffungsverbessernde Maßnahmen	Anwendung der ABC-Analyse, Durchführung preis- und wertanalytischer Untersuchungen, Lieferantenbesuche und -pflege, Anwendung von Rechnerprogrammen und logistischer Maßnahmen zur Vorratssenkung, systematische Verringerung der Klein- und Kleinstbestellungen, Kennziffern

55

nicht nur die Rohstoff- und Dienstleistungsbereitstellung, sondern auch die Fertigstellung von Transport-, Aufnahme- und Verarbeitungseinrichtungen in die Vorschau mit einbezieht.

■ Planung im Instandhaltungs- und Anlagenbereich

Entsprechend dem von Unternehmen zu Unternehmen wechselnden Umfang treffen im Instandhaltungsbereich Eigenleistungen und Fremdleistungen zusammen. Es werden Reparaturen in eigenen Werkstätten durchgeführt, es werden Reparaturen in Auftrag gegeben, es werden Investitionen, Neuerstellungen, Erweiterungen oder Modernisierungen von Anlagen im eigenen Haus bearbeitet, und es werden Investitionen oder Teile davon außer Haus vergeben. Bei der Planung kommt es zunächst darauf an, die voraussichtliche Fremdleistung von der voraussichtlichen Eigenleistung zu trennen. Danach ist der vom Einkauf zu beschaffende Materialbedarf aus den vom technischen Bereich präsentierten Planzahlen zu ermitteln.

Bei mittleren und kleineren Unternehmen ist in der Regel der Investitionsanfall ein gelegentlicher, sachlich und zeitlich in sich geschlossener Vorgang, also kein Reihenfall, kein sich in Umfang und Geldbedarf in etwa wiederholender Fall. Die Planung der Beschaffung ist folglich jeweils vom Einzelfall abhängig. Anders verhält es sich bei den großen Unternehmen und Unternehmensgruppen. Bei ihnen wird der sogenannte Investitionsplan als ein kontinuierlicher Vorgang konzipiert und ähnlich einem Verbrauchsvorgang abgewickelt.

■ Planung im Bürobereich

Nach Gegenstand und Zweck ist diese Gruppe komplex, vielgestaltig und auch verschiedenartig. Im Hinblick auf ihre Gewichtung im Bereich der gesamten Beschaffung steht sie natürlich hin-

ter der Planung im Produktions- und Instandhaltungsbereich zu-
rück.

4 Methoden der Bedarfsermittlung und Materialdisposition

4.1 Bedarfsermittlung für unterschiedliche Bedarfsarten

Die Aufgabe der Materialwirtschaft besteht – wie bereits beschrieben – auch in der Deckung eines bestimmten Bedarfs, der sich aus dem Unternehmenszweck (Herstellung und Verkauf von Produkten und Waren) ergibt. Die *Bedarfsfeststellung* ist Voraussetzung der Bedarfsdeckung. Sie kann innerhalb der Materialwirtschaft erfolgen (zum Beispiel durch Disposition, Lager oder Einkauf), es können aber auch weitere Bereiche die Bedarfsfeststellung vornehmen (zum Beispiel Produktion). Dies ist unter anderem von der Organisation und vom Organisationsgrad des Unternehmens abhängig. Darüber hinaus muß beachtet werden, daß zwischen dem Bedarf an Gebrauchsgütern (zum Beispiel Investitionsgütern) und Verbrauchsgütern oder Verbrauchsfaktoren, die während des Produktionsvorgangs verzehrt werden, unterschieden wird. Im weiteren werden in diesem Kapitel nur Bedarfe von Verbrauchsfaktoren betrachtet.

Die Bedarfsfeststellung ist die Ermittlung des zu deckenden Bedarfs von Verbrauchsfaktoren nach Menge, Art, Qualität und Einsatztermin.

Die Auflösung des Bedarfs erfolgt durch die Entscheidung der Unternehmensleitung über das zukünftige Verkaufs- und Produktionsprogramm. Der Materialwirtschaftler muß das gegenwärtige Verkaufsprogramm und die angestrebte zukünftige Entwicklung kennen, da hierdurch der Material- oder Produktbedarf und damit der Umfang der eigenen materialwirtschaftlichen Aufgabe bestimmt wird.

58

Von der Auslösung des Bedarfs ist die Entstehung des Bedarfs zu unterscheiden. Bedarf von Verbrauchsfaktoren entsteht grundsätzlich erst an den einzelnen Fertigungsstellen, die gemäß Produktionsplan eine bestimmte Menge von Roh- und Hilfsstoffen veredeln bzw. verarbeiten sollen.

Bei Betriebsstoffen ist dem Produktionsplan der Inspektionsplan der Reparaturabteilung bzw. beim Reparaturfall die Anweisung des zuständigen Meisters gleichzusetzen.

Im Handel wird der Bedarf durch die *Sortimentsplanung* bestimmt.

Weitere *Bestimmungsgrößen* des Bedarfs an Verbrauchsfaktoren neben dem Produktionsprogramm sind:

– Die Prozeßbedingungen
  (zum Beispiel Produktionsverfahren, Leistungsniveau der Arbeitssysteme),

– Das Sicherheitsstreben
  (zum Beispiel Sicherheitszuschläge bei Bedarfsermittlung),

– Die Markterwartungen und die Materialwirtschaftspolitik
  (zum Beispiel spekulative Bestände, Bestellmengenoptimierung),

– Die naturgegebenen technisch-physikalischen Faktoren
  (zum Beispiel Außentemperatur, Luftfeuchtigkeit),

– Das qualitative Niveau der bezogenen Verbrauchsfaktoren
  (zum Beispiel Ausschußanteil),

– Die rechtlichen Vorschriften
  (zum Beispiel Umweltauflagen).

Für den Bedarf ist der sogenannte *Bedarfsträger* verantwortlich, der den Artikel, die Bedarfsmenge und den Bedarfstermin dem Einkäufer rechtzeitig bekanntgeben muß, sofern keine Bedarfsdeckung durch das Lager erfolgen kann.

Der *Einkauf* ist für die Beschaffungsmenge, den Beschaffungstermin, den Preis und die Wahl des geeigneten Lieferanten verantwortlich, das heißt, er sollte weder Bedarfstermin und -menge über- oder unterschreiten.

Die Bedarfsermittlung steht am Anfang jeglicher Beschaffungstätigkeit. Der Bedarf erstreckt sich auf Güter, Waren und Leistungen.

In bezug auf die Häufigkeit der Bedarfsentstehung sind zu unterscheiden:

– Laufender Bedarf;

– Periodisch wiederkehrender Bedarf, und zwar:
  in regelmäßiger Folge,
  in unregelmäßiger Folge und hier wiederum
  • in relativ kurzen Abständen (Reparaturen) und
  • in längeren Abständen (Anlagegüter);

– Einmaliger Bedarf.

Bedarfsbestimmende Stellen sind einmal der Bedarfsträger, also die Stelle, wo der Bedarf entstanden ist, die Konstruktionsabteilung oder das Betriebslabor, die Arbeitsvorbereitung oder die Fertigungsplanung, die Sortimentsplanung, das Lager oder der Disponent.

Für einmaligen oder für in unregelmäßiger Folge periodisch wiederkehrenden Bedarf (Spezialbedarf) wird in der Regel vom Bedarfsträger eine Bedarfsmeldung oder eine Bedarfsanforderung ausgestellt, da der Einkauf in diesen Fällen keine Übersicht über die Entstehung des Bedarfs hat. Das gleiche gilt für die Bedarfsfeststellung bei Anlagegütern und Dienstleistungen.

Die Feststellung des laufenden und des periodisch wiederkehrenden Bedarfs, soweit es sich hier um Vorratsmaterial handelt, erfolgt entweder mit Hilfe des Stücklisten- und Rezepturverfahrens oder durch Bestandsüberwachung.

In der Praxis sind fast immer mehrere *Methoden* der *Bedarfsfeststellung* anzutreffen. Die einzelnen Methoden werden darüber hinaus noch in Abhängigkeit vom Organisationsgrad des Unternehmens stark variiert. Zu kombinieren sind hier Übersicht und Wirtschaftlichkeit.

Ausgehend vom Verkaufs- und Produktionsprogramm erfolgt eine Einteilung der Bedarfsarten in Primärbedarf, Sekundärbedarf und Tertiärbedarf.

Unter *Primärbedarf* versteht man den voraussichtlichen Bedarf des Marktes an Enderzeugnissen und eventuell verkaufsfähigen Ersatzteilen. Die Ermittlung erfolgt über die Absatzprognose und schließt auch den Änderungsdienst mit ein. Der *Sekundärbedarf* ist der aus dem Primärbedarf abgeleitete Bedarf an Rohstoffen, Einzelteilen und Baugruppen. Zukaufteile und Handelswaren werden ebenfalls zum Sekundärbedarf gerechnet. Der *Tertiärbedarf* bezieht sich auf Hilfs- und Betriebsstoffe sowie Verschleißteile (insbesondere Werkzeuge), die von der Art und Intensität des Produktionsprogramms beeinflußt werden.

Der Primärbedarf ist Gegenstand der Absatzplanung. Sekundär- und Tertiärbedarfe sind in der Beschaffungsplanung enthalten. Die Deckung dieser Bedarfe wird vom Einkauf übernommen. Die Methoden der Bedarfsermittlung und Materialdisposition beziehen sich auf die Ermittlung der Sekundär- und Tertiärbedarfe eines Unternehmens.

61

4.2 Verfahren zur Ermittlung der Bedarfsmengen und Bedarfszeitpunkte für Verbrauchsfaktoren

4.2.1 Systematik der Bedarfsermittlungsverfahren

In der Praxis sind fast immer mehrere Methoden der Bedarfsfeststellung, der Bedarfsvorhersage und der daraus resultierenden Dispositionsverfahren anzutreffen. Die einzelnen Methoden werden darüber hinaus noch in Abhängigkeit vom Organisationsgrad des Unternehmens stark variiert.

Einen Überblick über die Systematik der Bedarfsermittlungsverfahren, die im weiteren noch näher dargestellt werden, ergibt Abbildung 13.

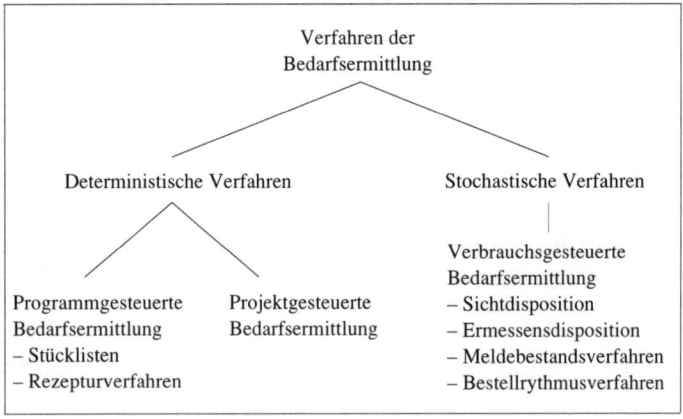

Abbildung 13: Systematik der Bedarfsermittlungsverfahren

4.2.2 Deterministische Verfahren

■ **Programmgesteuerte Bedarfsermittlung**

Bei diesem Bedarfsermittlungsverfahren geht es zunächst um die Bestimmung des sogenannten Bereitstellungsbedarfes. Der *Bereitstellungsbedarf* ist jene Menge eines Teils, die in einer Periode zu einem bestimmten Zeitpunkt zur Produktion von bestimmten Erzeugnissen benötigt wird.

Dieser Bedarf ist unter Wirtschaftlichkeitsgesichtspunkten zu decken (= Aufgabe der Disposition). Für das programmgesteuerte Bedarfsermittlungsverfahren, das den Bereitstellungsbedarf rein rechnerisch aus dem Produktionsprogramm für eine Periode ermittelt, sind zwei Voraussetzungen erforderlich:

– Vorliegen eines verbindlichen Produktionsprogramms als Zeit- und Mengenübersicht für eine Periode und

– Vorliegen von Stücklisten, Bauvorschriften oder Rezepturen. Denn erst diese geben Aufschluß, aus welchen Teilen, Halbzeugen oder Rohstoffen die Produkte gefertigt und mit welchen Mengen sie für die Produktion in einer Periode benötigt werden.

Im Prinzip ergeben sich die Materialbedarfsmengen aus der Multiplikation des Fertigungsprogramms mit den Mengen pro Einheit aus der Stückliste.

Wenn beispielsweise ein Fertigungsprogramm für einen bestimmten Fabriktag auf 1000 PKW lautet und zu jedem PKW fünf Reifen gehören, so werden 5000 Reifen zur Montage benötigt.

Unter einer Stückliste versteht man eine tabellarische Darstellung der Erzeugnisstruktur, in der die zu einem Erzeugnis gehörigen Einsatzstoffe und -teile sowie gegebenenfalls auch Baugruppen und Dienstleistungen in systematischer Weise verzeichnet sind. Für die Materialverwaltung und -disposition bilden die Stücklisteninformationen eine Grundlage für die Bedarfsermittlung, Lagerhaltung, Bestelltätigkeit und Bereitstellung am Verbrauchsort.

Wer benötigt die Stücklisten in einem Fertigungsunternehmen? Es sind

- die Konstruktions- und Normungsabteilung,
- die Fertigungsplanung, Fertigungssteuerung und die Fertigung selbst,
- die Materialdispositionsgruppe, der Einkauf und gegebenenfalls das Lager,
- der Kundendienst (Ersatzteile),
- das Rechnungswesen (Vor- und Nachkalkulation).

Über den aus der Stückliste ermittelten Bedarf hinaus ist in der Regel noch ein *Marktbedarf*, zum Beispiel als Ersatzteilbedarf, vorhanden, so daß daraus der Primärbedarf abgeleitet wird. Daraus wird, wie bereits beschrieben, der Sekundärbedarf abgeleitet, der dann zur Errechnung des entsprechenden Nettobedarfs oder Einkaufsbedarfs führt (siehe nachfolgendes Rechenschema).

	Sekundärbedarf
+	Zusatzbedarf (Ausschuß/Schwund/Laborbedarf)
=	Bruttobedarf
./.	Lagerbestand
./.	Bestellbestand (laufende Bestellungen)
+	Sicherheitsbestand
+	Vormerkungen (bereits reserviertes Material)
=	Nettobedarf

Der verfügbare Bestand ist der effektive Lagerbestand zuzüglich dem Bestellobligo oder Bestellbestand und abzüglich Bestandsreservierungen (verplante Bestände) oder Vormerkungen und Sicherheitsbestand. Der Bestandsabgleich mit dem Bruttobedarf erfolgt zweckmäßigerweise auf der niedrigsten Verwendungsstufe eines Teils, die Dispositionsstufe genannt wird. Die Stücklistenauflösung nach Dispositionsstufen heißt entsprechend *Dispositionsstufenverfahren*.

Es ist das in der Praxis am häufigsten anzutreffende Verfahren, das die frühere Auflösung nach Fertigungsstufen (siehe Abbildung 15) abgelöst hat. Es hat den Vorteil, daß Wiederholgruppen innerhalb einer Erzeugnisstruktur nur einmal in ihre Komponenten aufgelöst zu werden brauchen. Darüber hinaus wird sichergestellt, daß der zeitlich dringlichste Bedarf für ein Teil, nämlich der Bedarf auf dessen unterster Fertigungsstufe, zunächst aus dem disponiblen Bestand gedeckt wird.

Eine weitere Stücklistenform zur Bruttobedarfsermittlung bezeichnet man als *Mengenübersichtsstückliste*. In einer solchen Mengenübersichtsstückliste werden alle Teile, die sich in den verschiedenen Baustufen wiederholen, nur einmal aufgeführt und in ihrer Gesamtmenge fixiert. Ein solches Verzeichnis wird nach Materialnummern (Teilenummern) geordnet und gilt jeweils für ein Erzeugnis.

Zur Ermittlung des Materialbedarfes für die Fertigung von mehreren Einheiten eines Erzeugnisses muß man die Mengen der Übersichtsliste mit der jeweils zu fertigenden Anzahl der Erzeugnisse multiplizieren. Man erhält somit den Bruttobedarf. In welcher Form die Bedarfsanforderung von der Fertigungsseite an die Abteilung Einkauf und Materialwirtschaft gelangt, ist eine Frage der jeweiligen Organisation des Unternehmens.

In den Abteilungen des technischen Sektors werden vielfach Stücklisten verwendet, die nicht alle Einzelteile im Detail ausweisen, sondern sich wiederholende Baugruppen nur als solche andeuten (Baukastenstückliste).

Eine weitere Form der Stückliste zeigt den Zusammenhang eines Erzeugnisses über alle Baustufen auf. In einer solchen Struktur-stückliste sind wohl alle Einzelteile und Rohstoffe im Detail ent-halten, aber sie können sich an den verschiedensten Stellen wie-derholen. Strukturstücklisten gibt es, wie bereits erwähnt, in der Strukturierung nach Dispositions- oder Fertigungsstufen (siehe Abbildungen 14 und 15).

Als Basis für die EDV-gemäße Bearbeitung von Stücklisten dient die *gespeicherte Baukastenstückliste*. Hieraus lassen sich alle an-deren Stücklistenformen erstellen.

Der Teileverwendungsnachweis ist – von der Form her gesehen – die Umkehrung der Stückliste und wird EDV-gemäß ebenfalls im Rahmen des Stücklistenverwaltungsprogramms erstellt. Er gibt an, an welchen Stellen des Erzeugnisses das jeweilige Material ver-wendet wird.

Man unterscheidet – ähnlich wie bei der Stückliste – auch beim Teileverwendungsnachweis die Baukastenform sowie die Struk-tur- und Übersichtsform.

Wenn Schwierigkeiten in der Materialwirtschaft bestehen, kann man bei der Baukastenform erkennen, welche Baugruppen betrof-fen sind. Der Übersichts-Teileverwendungsnachweis zeigt auf, ob und in welcher Menge das Material im Erzeugnis vorhanden ist. Somit sind bei Beschaffungsschwierigkeiten und Preisveränderun-gen notwendige Aktivitäten in bezug auf Ausweichlieferanten und Kalkulation möglich.

Damit die Stückliste nicht nur zur Ermittlung der Bestellmengen hilfreich ist, muß darüber hinaus eine Terminierung der Bedarfe vorgenommen werden, so daß die benötigten Güter und Leistun-gen auch zum gewünschten Bedarfszeitpunkt bereitgestellt werden können. Mit Hilfe insbesondere der *Strukturstückliste* auf Basis von Dispositionsstufen ist jede Dispositionsstufe zu terminieren,

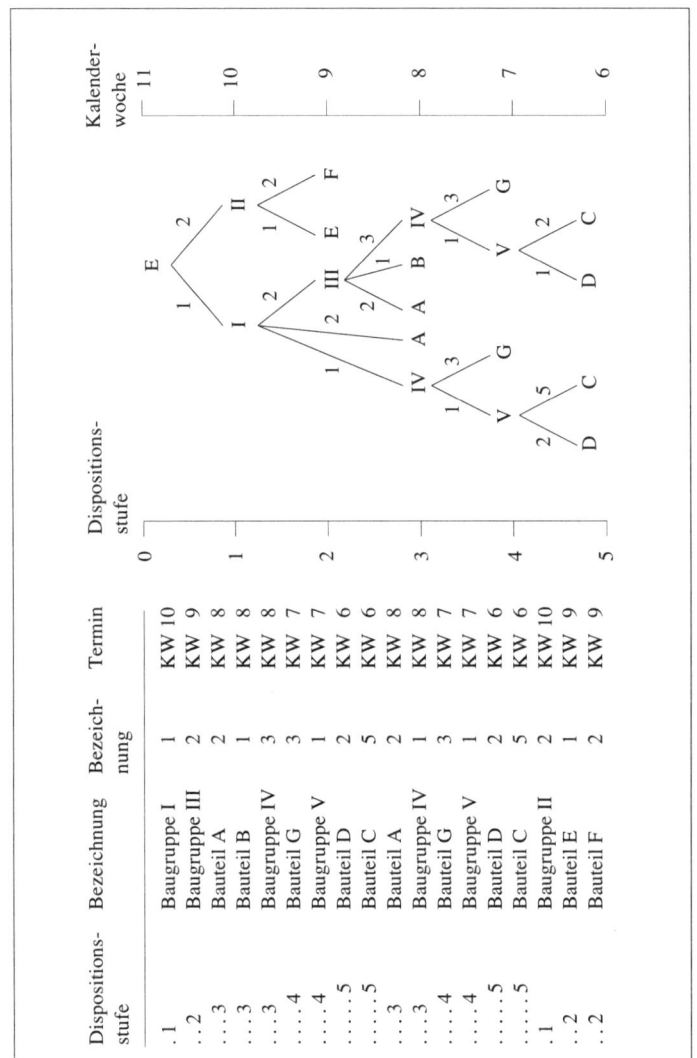

Abbildung 14: Strukturstückliste nach Dispositionsstufen

wobei die unterste Dispositionsstufe den ältesten Termin hat bis hin zur Herstellung des Produktes mit der entsprechenden Endterminierung.

Beim Rezepturverfahren entspricht die Rezeptur vom Verwendungszweck und vom Inhalt her der Stückliste. Unter dem Begriff *Rezeptur* versteht man im industriellen Sinne eine Vorschrift für ein Herstellungsverfahren.

Das Charakteristische der Anwendung des Rezepturverfahrens ist darin zu sehen, daß für die Herstellung des Endproduktes nur wenige einheitliche Ausgangsmaterialien benötigt werden. In der chemischen Industrie, zum Beispiel in der Kunstfaserherstellung, werden die zu verwendenden Chemikalien aus der gesamten Fertigungsplanmenge ermittelt. Aus dem Rezept muß hervorgehen, mit welchen Anteilen – prozentual oder bezogen auf eine Gewichtseinheit – die Einsatzstoffe an der Fertigungsplanmenge beteiligt sind. Die Angabe der Fertigungsplanmenge in Verbindung mit dem Rezept kann als Bedarfsanforderung gesehen werden.

Insgesamt sind die programmgesteuerten Bedarfsermittlungsverfahren zukunftsorientierte Verfahren, deren Bedarfsermittlung nach Menge und Zeit auf Basis des Produktionsplanes erfolgt. Die Genauigkeit dieser Verfahren ist letztlich abhängig von der Güte der Absatzplanung.

Insgesamt sind bei Materialien, die in dieser Form disponiert werden, relativ geringe Sicherheitsbestände und eine relativ genaue Planung der Bestellmengen und -termine möglich. Der Einsatz der programmgesteuerten Bedarfsermittlung bietet sich vor allem bei hochwertigen Materialien (A-Teile, siehe dazu auch Kapitel 5) an.

Fertigungsstufe	Bezeichnung	Bezeichnung
.1	Baugruppe I	1
..2	Baugruppe IV	1
...3	Baugruppe V	1
....4	Bauteil D	2
....4	Bauteil C	5
...3	Bauteil G	3
..2	Bauteil A	2
..2	Baugruppe III	2
...3	Bauteil A	2
...3	Bauteil B	1
...3	Baugruppe IV	3
....4	Baugruppe V	1
.....5	Bauteil D	2
.....5	Bauteil C	5
....4	Bauteil G	3
.1	Baugruppe II	2
..2	Bauteil E	1
..2	Bauteil F	2

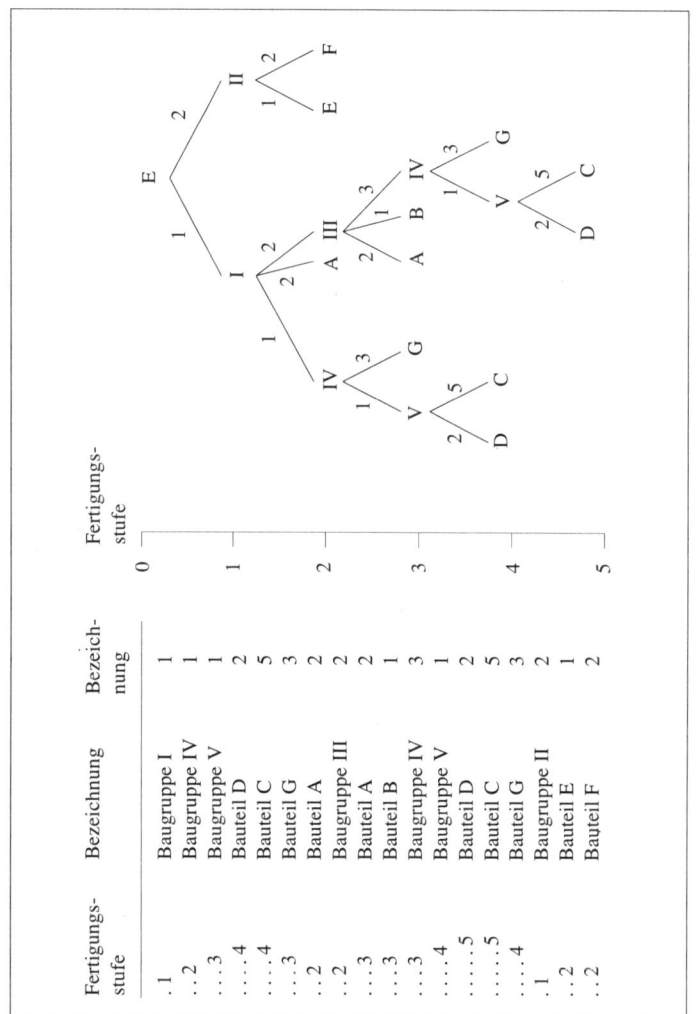

Abbildung 15: Strukturstückliste nach Fertigungsstufen

■ Projektgesteuerte Bedarfsermittlung

Gegenüber der programmgesteuerten Bedarfsermittlung und Disposition mit ihrer guten Planbarkeit auf der Basis der Absatzplanung bringen die sogenannte projektgesteuerte Bedarfsermittlung und die sich daraus ergebende Disposition nicht unerhebliche Schwierigkeiten mit sich. In der Praxis existiert diese Art der Disposition in Betrieben mit Auftragsfertigung oder Einzelfertigung. Die Fertigungsplanung ist hier durch einen hohen Unsicherheitsgrad gekennzeichnet. Sie muß in besonderem Maße elastisch gehalten werden, damit selbst unerwartet eingehende Kundenaufträge ohne allzu große zeitliche Verzögerung in Angriff genommen werden können. Die Unsicherheit beeinflußt selbstverständlich auch die Materialdispositionen. Das Absatzprogramm kann hier, da es selbst ja nur in ganz groben Umrissen festgelegt werden kann, im allgemeinen lediglich eine ungefähre Richtlinie für die Materialbeschaffung bieten.

Dementsprechend können feste organisatorische Vorkehrungen, die das Absatzprogramm über Produktionsprogramm und Beschaffungsplan mit der Einkaufstätigkeit verbinden, kaum getroffen werden.

Die *Auftragsfertigung* kann in zweierlei Arten vorkommen. Einmal kann nach Eingang entsprechender Kundenaufträge die Fertigung nach eigenen vorhandenen Konstruktionen, die zum potentiellen Produktions- und Absatzprogramm gehören, aufgenommen werden.

So werden beispielsweise größere Spezialaggregate nur nach vorliegender Kundenbestellung angefertigt. Zum anderen kann es vorkommen, daß der Kunde die Anfertigung von Spezialerzeugnissen verlangt, die entweder völlig neu konstruiert werden müssen oder deren Konstruktionszeichnungen vom Kunden zur Verfügung gestellt werden.

Soweit Kundenaufträge aufgrund vorhandener Konstruktionen erfüllt werden können, ist der Materialbedarf in der Regel bekannt. Dagegen muß er bei völligen Neukonstruktionen oder bei Fertigungen nach Konstruktionszeichnungen des Kunden erst in allen Einzelheiten ermittelt werden. Die Praxis zeigt jedoch, daß selbst in diesem schwierigen Fall die Bedarfsplanung und Disposition dadurch erleichtert werden, daß die erforderlichen Vormaterialien im großen Rahmen bekannt sind und das Gesamtprojekt in irgendeiner Weise der Art des Betriebes und seinen technischen Einrichtungen entspricht.

Ist der Betrieb in der Lage, eine großzügige Lagerpolitik (Verfahren einer lagerlosen Versorgung wie nach dem Just-in-time-Prinzip können hier im Regelfall nicht eingesetzt werden) zu betreiben, so können diejenigen Fertigungsmaterialien, die erfahrungsgemäß auch bei wechselnder Auftragszusammensetzung häufiger Verwendung finden, in angemessenen Mengen auf Vorrat gehalten werden.

Ist eine Unternehmung dazu nicht in der Lage, so muß sie alle Materialien jeweils bei Auftragseingang bestellen. Hier besteht dann eine unmittelbare Beziehung zwischen Auftragseingang und Einkaufstätigkeit, wobei dispositiv sicherzustellen ist, daß Störungen des Produktionsablaufes durch verspätetes Eintreffen des Materials vermieden werden und vor allem, daß der Bedarf nicht zu lange vor der eigentlichen Verwendung angeliefert wird.

Es ist aber auch nicht in jedem Fall möglich, die Bedarfsmenge für den Kundenauftrag und die Beschaffungsmenge auf gleicher Höhe zu halten. So kann unter Umständen der Markt bestimmte Mindestabnahmen vorschreiben, die nicht umgangen werden können.

4.2.3 Stochastische Verfahren –
Verbrauchsgesteuerte Bedarfsermittlung

Im Gegensatz zum programm- oder projektgesteuerten Vorgehen besteht hier kein fester Bezug zum Produktionsprogramm oder zu einem Projekt. So wird nicht zukunftsorientiert, sondern vergangenheitsorientiert ermittelt und disponiert.

Die Basis für die Ermittlung der zukünftigen Bedarfe sind statistische Methoden (Stochastik), die eine Vorhersage auf der Grundlage früherer Verbräuche vornehmen. Materialien, die nicht in Stücklisten aufgeführt sind, wie Brennstoffe und teilweise auch Hilfsstoffe, werden verbrauchsorientiert disponiert. Betriebsstoffe und Hilfsstoffe werden aus diesem Grunde als Tertiärbedarf vom programmgesteuerten Sekundärbedarf unterschieden.

Neben den Hilfs- und Betriebsstoffen werden häufig auch Fertigerzeugnisse, Ersatzteile und ungeplante Entnahmen verbrauchsorientiert geplant. Die Besonderheit dieser Disposition liegt darin, daß losgelöst vom Produktionsprogramm der Verbrauch in der Vergangenheit statistisch ermittelt wird. Diese Vorgehensweise ist natürlich nur berechtigt unter der Voraussetzung, daß die zukünftige Bedarfsentwicklung der vergangenen entspricht.

Die *Bruttobedarfsermittlung*, die in der Praxis unter Zuhilfenahme der Verbrauchsstatistik vorgenommen wird, wird auch stochastisches Verfahren genannt. Es kann sich selbstverständlich nur um solche Materialien handeln, die in der Vergangenheit des öfteren verwendet worden sind. Die Problematik der richtigen *Bedarfsprognose* ist hier darin zu sehen, daß beispielsweise bei Konstruktionsänderungen oder Konstruktionsverbesserungen gewisse Teile und Betriebsmittel in bezug auf Abmessung und Qualität bestimmte Änderungen erfahren können. Gerade bei diesem vergangenheitsorientierten Bedarfsvorhersageverfahren ist es notwendig, den Bruttobedarf mittels einer speziellen Bedarfsrechnung zu überwachen bzw. zu korrigieren, da Trenderscheinungen einer besonderen Berücksichtigung bedürfen.

Grundtyp des Bedarfsverhaltens:

- Materialien mit gleichbleibendem, konstantem Verbrauch,
- Materialien mit trendförmigem Verbrauch,
- Materialien mit saisonal schwankendem Verbrauch.

In Abbildung 16 ist der Bedarfsverlauf eines Materials mit gleichbleibendem, konstantem Verbrauch dargestellt. Hier ist eine gewisse Gleichmäßigkeit im jährlichen Bedarfsanfall zu erkennen. Charakteristisch für das Bedarfsverhalten ist die Tatsache, daß nur zufällige Schwankungen um eine im wesentlichen stabile Bedarfshöhe auftreten. Der zukünftige Bedarf wird bei einem derartigen Bedarfsverlauf zweckmäßigerweise aus den Durchschnittswerten der Vergangenheit ermittelt.

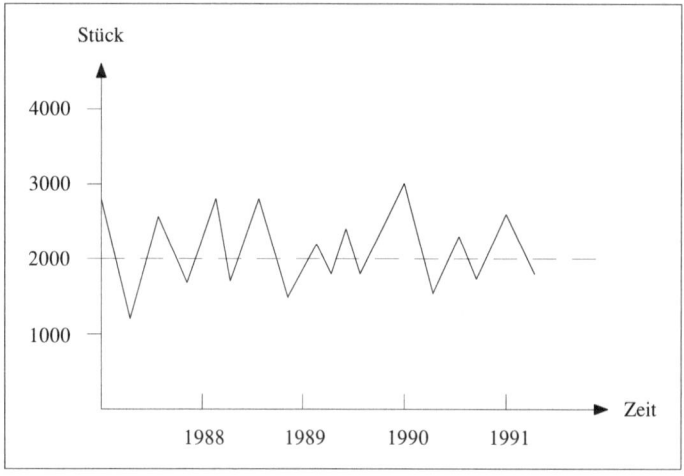

Abbildung 16: Gleichbleibender, konstanter Materialverbrauch

73

Von einem trendförmigen Bedarfsverlauf spricht man in den Fällen, in denen sich trotz der zufälligen Schwankungen eine gleichmäßig aufsteigende oder absteigende Bedarfsentwicklung abzeichnet (siehe Abbildung 17). Es muß bei der Auswertung von Trendartikeln darauf geachtet werden, daß zufällige Schwankungen nicht als Trend gedeutet werden. Die Bedarfsermittlung ist nicht mittels einer einfachen Durchschnittsbildung möglich, sondern bedarf eines speziellen *Bedarfsrechnungsverfahrens*.

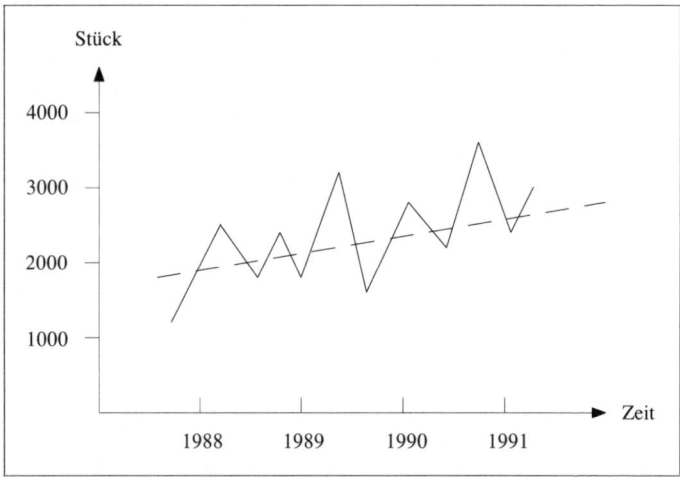

Abbildung 17: Trendförmiger Materialverbrauch

Bei saisonabhängigen Artikeln tritt zu periodisch wiederkehrenden Zeitpunkten ein Spitzenbedarf (siehe Abbildung 18) oder ein Bedarfsminimum auf. Ein Bedarfsverlauf dieser Art entsteht im allgemeinen auf Grund äußerer Gegebenheiten. Um ihn zu schätzen, wird man auf die Verbräuche der Vergangenheit zurückgreifen müssen.

In der Praxis mischen sich die hier dargestellten Grundtypen des Bedarfsverlaufes. Es ist jedoch notwendig, sie entsprechend zu analysieren. Je nachdem welcher Typ des Bedarfsverhaltens über-

74

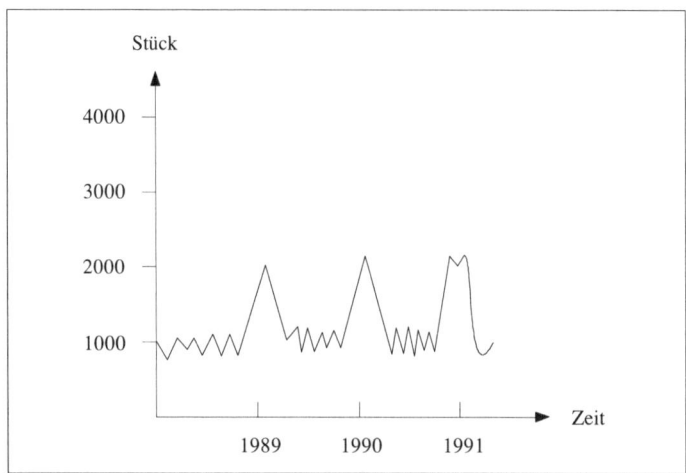

Abbildung 18: Saisonal schwankender Materialverbrauch

wiegt, führt dies zur Wahl des statistischen Bedarfsrechnungsverfahrens als mengenmäßige Bedarfsvorhersage.

Bei Materialien, die, wie in Abbildung 16 gezeigt, einen gleichmäßigen Bedarfsverlauf aufweisen, ist zweckmäßigerweise das arithmetische Mittel zu bilden.

Beispiel:

Ein Artikel, der im Jahresbedarfsverlauf dem der Abbildung 16 ähnelt, weist in der Jahresverbrauchsstatistik in den zwölf Monaten unterschiedliche Monatsverbräuche auf. Der Jahresverbrauch wurde mit 1800 Stück registriert.

Durchschnittlicher Monatsbedarf: 1800 : 12 = 150 Stück/Monat

Darüber hinaus kann das Verfahren der gleitenden Mittelwertbildung Anwendung finden. Man registriert laufend die Verbräuche der letzten Bedarfsperioden (zum Beispiel der letzten vier Peri-

75

oden) und errechnet bei jeder Periode den arithmetischen Mittelwert. Das Problem liegt darin, daß man bei einer gleitenden Mittelwertbildung diejenige Anzahl der Bedarfsperioden auswählen muß, die die exaktesten Ergebnisse bringt. Einerseits muß die Anzahl der Bedarfsperioden genügend groß sein, daß bei einmaligem hohen Periodenbedarf die Schwankung weitestgehend unwirksam bleibt. Andererseits wird bei Verringerung der in Anspruch genommenen Bedarfsperioden der gleitende Mittelwert schneller reagieren.

Bei Materialien mit Trendbildung (Abbildung 17) ist für die heutige rechnergestützte Materialdisposition die *exponentielle Glättung* (1. Ordnung) in den Mittelpunkt gerückt, da die Mittelwertbildung den modernen Ansprüchen nicht mehr gerecht wird. Man vergleicht bei diesem Bedarfsrechnungsverfahren den Verbrauch der letzten Perioden mit dem prognostizierten Wert. Ein Anteil der Differenz zwischen beiden Werten wird dem letztprognostizierten Wert zugeschlagen.

Den Anteil an dieser Differenz nennt man den *Glättungsfaktor*. Man kennt auch für diesen Gewichtungsfaktor die Bezeichnungen Alphafaktor, Glättungskonstante und Reaktionsparameter. Dieser Faktor kann je nach Abschätzung der zukünftigen Entwicklung frei zwischen 0 und 1 gewählt werden. Er nimmt in der Praxis häufig Werte zwischen 0,1 und 0,5 an.

Beispiel:

Prognose für die letzte Bedarfsperiode	100 Stück
tatsächlicher Verbrauch in der letzten Bedarfsperiode	130 Stück
Differenz zwischen Bedarfsprognose und Verbrauch in der letzten Bedarfsperiode	30 Stück
gewählter Glättungsfaktor	0,3

Prognose für die neue Bedarfsperiode:
100 Stück + 0,3 x 30 Stück = 109 Stück

Bei diesem Verfahren liegt die Problematik in der richtigen Wahl des Glättungsfaktors. Je höher der Faktor gewählt wird, um so schneller passen sich die neuen Prognosen den tatsächlichen Bedarfswerten an, allerdings auch den nur zufälligen Schwankungen, die ja gerade geglättet werden sollen. Ein solches System wird daher auch treffend als „nervös" bezeichnet. Ein System mit kleinem Alphafaktor (zum Beispiel 0,1) reagiert umgekehrt „träge".

Der Vorteil der exponentiellen Glättung kommt vor allem bei rechnergestützter Organisation wegen des geringen Speicherplatzbedarfes voll zur Geltung. Diesen Vorteil bietet weder das einfache noch das gleitende arithmetische Mittel. Unter den zahlreichen Prognoseverfahren hat sich in der Praxis die *Methode der exponentiellen Glättung* in ihrer klassischen oder in einer modifizierten Form am meisten durchgesetzt.

Beim Disponieren von Material sind Entscheidungen über auszulösende Bestellungen zu treffen. Dabei sind Liefermenge und Liefertermin festzulegen, damit der Bedarf optimal gedeckt werden kann, und zwar

– entweder nach den Wünschen der Produktion entsprechend dem Verkaufsprogramm bzw. den Kundenaufträgen (deterministisch)

– oder im Rahmen der Materialwirtschaft entsprechend dem Verbrauch (stochastisch).

Praktisch sind nur zwei Fragen im Rahmen der Materialdisposition zu stellen und zu beantworten:

Die erste Frage   „Wann bestellen?"
Die zweite F rage   „Wieviel bestellen?"

77

Bei der programmgesteuerten Bedarfsermittlung erfolgte die Beantwortung über die Auflösung der Stückliste. Die Ermittlung des Nettobedarfs und die Terminierung der Bedarfszeitpunkte bei der Stückliste standen dabei im Vordergrund (siehe Abschnitt 4.2.2 und besonders Abbildung 14). Bei den verbrauchsgesteuerten Bedarfsermittlungsverfahren kann die mengen- und zeitmäßige Disposition über

- die Sichtdisposition,
- die Ermessensdisposition,
- das Bestellpunktverfahren oder
- das Bestellrhythmusverfahren

erfolgen.

■ **Sichtdisposition**

Das Verfahren der Sichtdisposition ist die einfachste Form der Lagerwirtschaft. Es erfordert nur geringen Aufwand. In der Praxis wird der Lagerist (Magaziner) nach Betrachten der Artikel in den einzelnen Lagerfächern entscheiden, ob ein Bedarf vorliegt und gegebenenfalls auch wie groß dieser Bedarf ist.

Dieses Verfahren ist verständlicherweise ungenau und stellt eine rein subjektive Entscheidung dar. Man findet es in kleineren Neben- und Handlägern, in denen meistens keine buchmäßigen Bestandszahlen vorliegen; außerdem auch in größeren Lägern für den Bereich der Kleinmaterialien, die in der Materialbestandsrechnung nicht geführt werden. In der Verwaltung ist das Verfahren der Sichtdisposition zumeist an der Tagesordnung zum Beispiel für Schreibpapier, Formulare und ähnliches.

78

■ Ermessendisposition

Bei diesem Verfahren liegen die Bestandszahlen der Materialbestandsfortschreibung zugrunde. Es ist seiner Natur nach sehr stark von der Person des Disponenten abhängig und keinesfalls kostengerecht. Der Vorteil liegt im relativ geringen Arbeitsaufwand.

■ Bestellpunktverfahren

Beim Bestellpunktverfahren wird eine Bestellung ausgelöst, wenn der Bestand eine Marke, den *Meldebestand* oder *Bestellpunkt*, unterschreitet. Der Bestellpunkt ist die Menge, die den Bedarf während der Wiederbeschaffungszeit abdeckt, so daß bei Lieferung gerade der Sicherheitsbestand erreicht ist (siehe Abbildung 19). Die *Wiederbeschaffungszeit* setzt sich aus der Bestellabwicklungszeit, der Lieferzeit und der Prüf- und Einlagerungszeit zusammen.

Die Voraussetzung für die Anwendung dieses klassischen Dispositionssystems ist die Überprüfung der Lagerbestände und die Überprüfung der Bestände nach jeder Lagerentnahme. Das Dispositionsintervall, das heißt der Zeitraum ohne dispositive Maßnahmen zur Vermeidung etwaiger Fehlmengen, ist hier gleich der Wiederbeschaffungszeit. Bei wesentlichen Änderungen der Wiederbeschaffungszeit und des Bedarfs ändert sich auch der Bestellpunkt.

Das Bestellpunktverfahren ist somit durch eine fixe Bestellmenge und einen variablen Bestelltermin in Abhängigkeit vom Erreichen des Bestellpunktes gekennzeichnet. Der Bestellpunkt kann über die Berechnungsformel

Wiederbeschaffungszeit in Tagen
x   Verbrauch je Tag
+   Sicherheitsbestand
=   Bestellpunkt (Meldebestand)

bei konstantem Sicherheitsbestand und

(Wiederbeschaffungszeit in Tagen
+ Sicherheitszeit in Tagen)
x Verbrauch je Tag
= Bestellpunkt (Meldebestand)

bei verbrauchsabhängigem Sicherheitsbestand ermittelt werden.

Um die Bestellkosten zu minimieren, wird im Regelfall die *optimale Bestellmenge* nach Überschreiten des Bestellpunktes beschafft werden (siehe dazu auch Abschnitt 4.2.4).

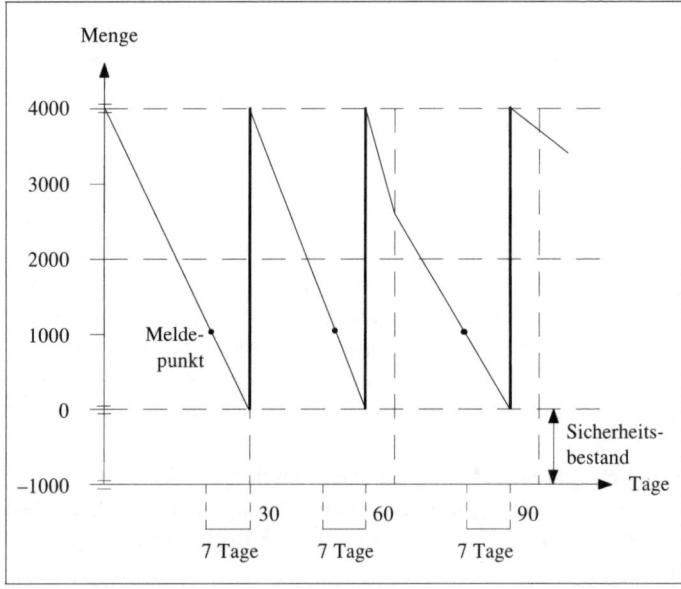

Abbildung 19: Bestellpunktverfahren

■ **Bestellrhythmusverfahren**

Bei diesem Verfahren findet eine Kontrolle nur nach Ablauf eines bestimmten Intervalls statt. Die Länge des Intervalls kann an den

80

Lieferrhythmus oder den eigenen Produktionsrhythmus angepaßt werden. Darüber hinaus empfiehlt sich aus Kosten- und Zweckmäßigkeitsgründen eine Differenzierung zum Beispiel nach dem ABC-Schlüssel (siehe Kapitel 5).

Das Bestellrhythmusverfahren (siehe auch Abbildung 20) ist durch eine variable Bestellmenge gekennzeichnet und kann in folgenden Schritten erfolgen:

1. Schritt: Festlegung eines Höchstbestandes
2. Schritt: Bestandskontrolle in festen Intervallen
3. Schritt: Lagerentnahme stattgefunden?
4. Schritt: Wenn ja, Bestellung der entnommenen Menge

Der Höchstbestand wird rechnerisch bei *konstantem Sicherheitsbestand* durch die Formel

(Wiederbeschaffungszeit in Tagen
+ Überprüfungszeitraum in Tagen)
x Verbrauch je Tag
+ Sicherheitsbestand
= Höchstbestand

und bei *verbrauchsabhängigem Sicherheitsbestand* durch die Berechnungsformel

(Wiederbeschaffungszeit in Tagen
+ Überprüfungszeitraum in Tagen
+ Sicherheitszeit in Tagen)
x Verbrauch je Tag
= Höchstbestand

ermittelt.

Bei diesem Verfahren besteht das Dispositionsintervall aus der Wiederbeschaffungszeit und dem Bestellzyklus. Der Vorteil gegenüber dem Bestellpunktverfahren liegt in geringeren Bestandsüberwachungskosten, der Nachteil allerdings in höheren Sicherheitsbeständen wegen des längeren Dispositionsintervalls. Um einen Kompromiß zwischen relativ hohen Verwaltungskosten einerseits und Lagerhaltungskosten andererseits zu schließen, können die jeweiligen Vor- und Nachteile beider Systeme miteinander kombiniert werden.

Für verschiedene Artikelgruppen findet man häufig beide Systeme in der Praxis nebeneinander.

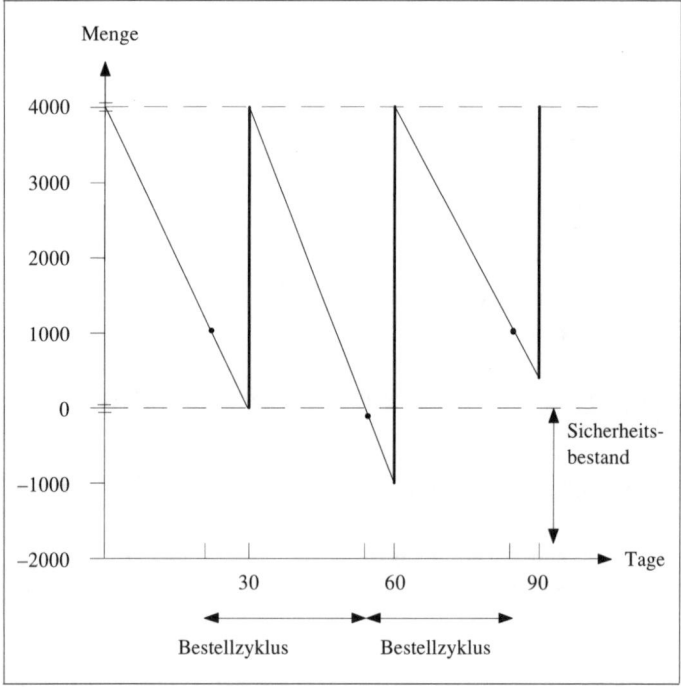

Abbildung 20: Bestellrhythmusverfahren

4.2.4 Berechnung der optimalen Bestellmenge

Wie wirtschaftlich ein Unternehmen arbeitet, bestimmen weitgehend auch die Einkaufs- und Vorratsdispositionen. Fertigungs-, Hilfs- und Betriebsstoffe in wirtschaftlichen Mengen, zur richtigen Zeit und zu kostengünstigen Bedingungen bereitzustellen, ist eine Aufgabe des Disponenten, die hohe Verantwortung verlangt. Er ist mit der Forderung konfrontiert, für die möglichst lückenlose Lieferbereitschaft der Fertigung bei einem Minimum an Bereitstellungskosten und möglichst niedrigem Kapitaleinsatz zu sorgen.

Die *Beschaffungsplanung* orientiert sich an zwei Größen: an einer Bedarfskomponente (Mengenangabe) und einer Marktkomponente (Marktdaten). Sie beginnt mit der Bedarfsplanung und führt über die Vorratsplanung zur Bestimmung der optimalen Bestellmenge als dem Ergebnis der mengen- und zeitmäßigen Abstimmung des Bedarfs, der Bezugs- sowie der Zins- und Lagerkosten.

Ausgehend von einem errechneten Bedarf, den der Betrieb an bestimmten Gütern hat, obliegt es der Materialwirtschaft, auf Basis der günstigsten Bestellmenge zu beschaffen. Unter der *optimalen Bestellmenge* versteht man die Bestellgröße, bei der dem Betrieb je beschaffter Mengeneinheit die insgesamt günstigste Kostenbelastung entsteht.

So einfach sich diese Definition anhört, so schwierig ist sie jedoch in der Praxis anzuwenden, denn außer Kosten- und Liquiditätsfragen sind für die Bestimmung der optimalen Bestellmengen noch Betriebsgröße, Standort, Fertigungsart, Marktbedingungen, Konjunktur usw. ausschlaggebend.

Beispiel:

So wird beispielsweise einen Verbrauch von 1 000 Stück je Zeiteinheit angenommen. Als Bestellgröße bieten sich zunächst folgende Extremfälle an:

- eine Bestellung über 1 000 Stück, das heißt größere durchschnittliche Lagerdauer,
- 1 000 Bestellungen über je 1 Stück, das heißt kleinere durchschnittliche Lagerdauer.

Natürlich kommt keine der beiden extremen Lösungen in Frage. Die optimale Bestellmenge liegt irgendwo dazwischen.

Die Voraussetzung für die Ermittlung der optimalen Bestellmenge ist die Überwachung der Bestände. Die Errechnung der optimalen Bestellmenge erfolgt nach der von *Stefanic-Allmayer* 1927 veröffentlichten Formel, heute im Regelfall unter der Bezeichnung *Andler-Formel* bekannt. Diese Formel lautet:

Optimale Bestellmenge =

$$\sqrt{\frac{200 \times \text{Jahresbedarf} \times \text{feste Bezugskosten}}{\text{Einstandspreis} \times (\text{Zinssatz} + \text{Lagerkostensatz})}}$$

oder nach der 1958 von *Kosiol* aufgestellten Formel (*Kosiol-Formel*), die auch den Mengenrabatt berücksichtigt und deshalb genauer ist:

Optimale Bestellmenge =

$$\sqrt{\frac{200 \times \text{Jahresbedarf} \times \text{feste Bezugskosten}}{\text{Einstandspreis} \times \left(\text{Zinssatz} \times \dfrac{1 - \text{Rabatt}}{100} + \text{Lagerkostensatz} \right)}}$$

Die optimale Bestellmenge baut auf folgenden Voraussetzungen auf:

a) Der Jahresbedarf ist bekannt und verteilt sich aufgrund eines gleichförmigen Verbrauchs gleichmäßig auf die Zwischenperioden.

84

b) Alle Formelgrößen sind mit Ausnahmen der optimalen Bestellmenge voneinander unabhängige Variable.
c) Die „festen Bestellkosten" sind konstant.
d) Einstandspreise (einschließlich Frachtkosten) sind konstant.
e) Lagerkosten sind konstant.
f) Der erforderliche Lagerraum ist verfügbar.
g) Die erforderliche Liquidität ist gegeben.

Die Formel kann *nicht* berücksichtigen:

- die Veränderung der Beschaffungszeit (Produktionsausfall des Lieferanten, Transportbehinderungen),
- die Lagerfähigkeit des Materials,
- die Leistungsfähigkeit des Lieferanten,
- die Lage auf dem Beschaffungsmarkt.

Die Errechnung der optimalen Bestellmenge erfolgt am zweckmäßigsten rechnergestützt oder – falls diese nicht vorhanden – an Hand von Tabellen oder mit Hilfe graphischer Methoden (siehe Abbildung 21). Das Ergebnis der Ermittlung der optimalen Bestellmenge besteht in der Regel in einer wesentlichen Senkung der Lagerbestände und in einem erheblichen Rückgang der Bestellungen von Kleinmaterial.

In engem Zusammenhang mit der Festlegung der optimalen Bestellmenge stehen Überlegungen in der Hinsicht, welche Liefermengen am günstigsten sind. Bei großen Liefermengen sind höhere Rabatte, niedrigere Verpackungs-, Verlade- und Transportkosten, geringere Kosten des Wareneingangs, größere Sicherheit der rechtzeitigen Verfügbarkeit über das Material als Vorteile zu nennen. Kleinere Mengen sind vorteilhaft infolge geringerer Kapitalbindung, geringerer Lagerzinsen und Lagerverwaltungskosten.

Vom Lieferer her gesehen braucht nicht immer die optimale Bestellmenge auch eine optimale Lieferlosgröße zu sein. Auch hier

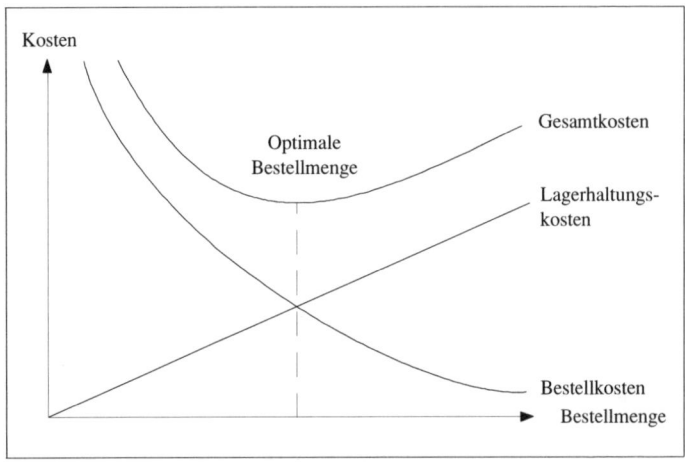

Abbildung 21: Graphische Ermittlung der optimalen
Bestellmenge

muß die Festlegung der Bestellmenge den internen und externen
Einflußfaktoren Rechnung tragen.

4.2.5 Bestimmung des Sicherheitsbestandes

Die Höhe des Sicherheitsbestandes ist letztlich abhängig von der
Materialpolitik und hierbei insbesondere von der Bestimmung des
Servicegrades. Mit Servicegrad ist gemeint, daß auf der Basis statistischer Prognoseverfahren die geplante Lieferbereitschaft des
Lagers festgelegt wird. Wird beispielsweise ein Servicegrad von
98 Prozent festgelegt, bedeutet dies, daß bei 100 Lagerentnahmen
das Material 98 mal im Lager verfügbar ist und entnommen werden kann.

Grundsätzlich sollte für geringwertige Materialien (C-Teile) ein
hoher Sicherheitsbestand gewählt werden, um „Schnellschüsse"
zu vermeiden. Bei umsatzstarken und kaptitalbindenden Materiali-

en sollte versucht werden, die Lagermengen in Abhängigkeit vom Servicegrad möglichst zu begrenzen oder gar ein Verfahren der lagerlosen bzw. lagerarmen Versorgung zu wählen.

Aufgrund der relativ hohen Plangenauigkeit deterministischer Bedarfsermittlungsverfahren ist es möglich, den Sicherheitsbestand gering zu halten. Bei den verbrauchsgesteuerten Bedarfsermittlungsverfahren, die in der Regel auch nicht so hochwertige Materialien verwalten, ist dies normalerweise nicht möglich. Hierbei kann der Sicherheitsbestand konstant festgelegt werden, mit der Gefahr bei großen Bedarfsschwankungen nicht lieferfähig zu sein. Weiterhin ist auch ein *verbrauchsabhängiger Sicherheitsbestand* zu realisieren. Hier steigt der Sicherheitsbestand bei hohem Verbrauch und sinkt bei niedrigem Verbrauch (siehe auch Berechnungsformeln beim Bestellpunkt- und Bestellrhythmusverfahren in Abschnitt 4.2.3).

5   Konzentration auf Schwerpunkte durch ABC-Analyse

Die bisher gewonnenen Erfahrungen haben gezeigt, wie notwendig es in einem Unternehmen ist, durch eine systematische Analysen-Arbeit Wichtiges von weniger Wichtigem zu trennen und damit den Aufwand in ein richtiges Verhältnis zum Nutzen zu bringen.

Das geschieht durch die ABC-Analyse, durch deren richtige Anwendung in nicht unerheblichem Maß Einfluß auf das gesamte Preis- und Kostenniveau in Industrie und auch im Handel ausgeübt werden kann.

Die ABC-Analyse basiert auf der Erkenntnis, daß ungefähr

20 Prozent der Positionen einen Wertanteil von 80 Prozent, weitere 10 Prozent der Positionen einen Wertanteil von 15 Prozent und 70 Prozent der Positionen einen Wertanteil von 5 Prozent haben.

Dabei genügt es nicht, nur die Preise der bezogenen Rohstoffe oder Teile zu kennen, sondern man muß das rechnerische Produkt: jährlicher Mengenverbrauch x Preis pro Einheit für jede Materialart ermitteln.

Verbrauchswert = Preis pro Einheit x Verbrauchte Menge pro Zeitraum

Am Beispiel einer ABC-Analyse der Jahresbestellwerte je Artikel kann die Durchführung einer solchen Analyse verdeutlicht werden:

Vorgehensweise:

1 Schritt: Ermittlung der Jahresbestellwerte je Artikel (Menge x Preis)

2 Schritt: Ordnen nach sinkendem Jahresbestellwert

3 Schritt: Kumulierung der Jahresbestellwerte

4 Schritt: Prozentanteil der kumulierten Werte am Gesamtbestellwert ermitteln

5 Schritt: Klassifizierung
bis   80 Prozent = A-Teil
80 – 95 Prozent = B-Teil
95 – 100 Prozent = C-Teil

Zahlenbeispiel

Materialnummer	Verbrauch pro Jahr in Stück	Preis pro Einheit	Jahresbestell- wert in DM
1001	1000	3,50	3500
1002	4500	2,00	9000
1003	12000	15,00	180000
1004	1000	2,00	2000
1005	5000	0,50	2500
1006	500	3,00	1500
1007	800	9,00	7200
1008	15000	14,00	210000
1004	1200	59,00	70800
1010	1000	1,00	1000

Klassifizierung

Material-nummer	Jahresbestellwerte		Prozent-anteil ku-mulierte Werte	Prozent-anteil Ge-samtposi-tionen	Klassifi-zierung
	einzeln in DM	kumula-tiv in DM			
1 008	210000	210000	43,1	10	A
1 003	180000	390000	80,0	20	A
1 009	70800	460800	94,5	30	B
1 002	9000	469800	96,4	40	C
1 007	7200	477000	97,8	50	C
1 001	3500	480500	98,6	60	C
1 005	2500	483000	99,1	70	C
1 004	2000	485000	99,5	80	C
1 006	1500	486500	99,8	90	C
1 010	1000	487500	100,0	100	C

Die relativ wenigen Teilearten, die schon 80 Prozent der wertmä-ßigen Einkaufsteile ausmachen, werden A-Teile genannt, die Zahl der Teile mit 15 Prozent des Einkaufswertes werden als B-Teile bezeichnet, und die vielen Teilearten, die nur 5 Prozent des jährli-chen Einkaufswertes ausmachen, bezeichnet man als C-Teile.

Es ist gleichgültig, wo im Einzelfall die Grenzen zwischen den A- und B- sowie zwischen den B- und C-Gruppen gezogen werden. Auch das Modell einer *ABCK-Analyse* kann zur Anwendung kom-men (K = kritische Teile).

Hieraus ist ersichtlich, daß verschiedene Möglichkeiten für den Analytiker in der Materialwirtschaft gegeben sind, daß sich Art, Umfang, Intensität und Grad der Verfeinerung ganz an Ziel und Zweck der Untersuchung ausrichten.

Bekanntlich muß bei der ABC-Analyse im wesentlichen mit Ver-gangenheitswerten operiert werden. Wo sich Vergangenheitsdaten schnell verändern können, soll der Zeitraum zwischen den Analy-sen so kurz wie nötig sein.

90

Sehr leicht kann ein A-Teil zum B-Teil, ein K-Teil zum normalen B-Teil werden und umgekehrt. Folglich läßt sich mit der Analyse ein Teil, jedoch nicht alles errechnen und steuern.

Der andere Teil der Erkenntnis ist organisatorischer Art. Je fortgeschrittener der Organisationsgrad des Unternehmens ist, desto leichter ist es, die für die ABC-Analyse notwendigen Daten schnell und exakt zu erhalten. Hierbei ist an die Vielfalt der Kombinationsmöglichkeiten integrierter EDV-Systeme zu denken, die schnell, übersichtlich und fehlerlos die Ergebnisse liefern. Die wesentliche Voraussetzung hierfür ist ein logisch aufgebautes *Nummernsystem* für Artikel und Lieferanten. Ohne ein solches System ist eine ABC-Analyse nur mit erheblichem Aufwand durchzuführen.

Für die industrielle Beschaffung sind folgende Anwendungsmöglichkeiten zu nennen:

– Verbrauchswert/Jahresbestellwert pro Artikel,
– Umsatz pro Lieferant
– Lagerwert pro Artikel,
– Umschlagshäufigkeit,
– Zugriffshäufigkeit, usw.

Das Ergebnis der ABC-Analyse läßt sich in einer Graphik in der Form einer *Lorenz-Kurve* darstellen (siehe Abbildung 22).

Aus dem Ergebnis der Analysen sind die entsprechenden Konsequenzen zu ziehen. So gilt im allgemeinen, daß die A-Gruppe stets mit größter Sorgfalt und Intensität behandelt werden muß, während bei der C-Gruppe der Arbeitsaufwand zu minimieren ist. Für die B-Gruppe kommt ein Mittelweg in Frage, sofern ein Anhängen an die A- oder C-Gruppe nicht möglich ist. Das bedeutet, um aus der Vielzahl der Möglichkeiten nur einige Beispiele anzuführen:

91

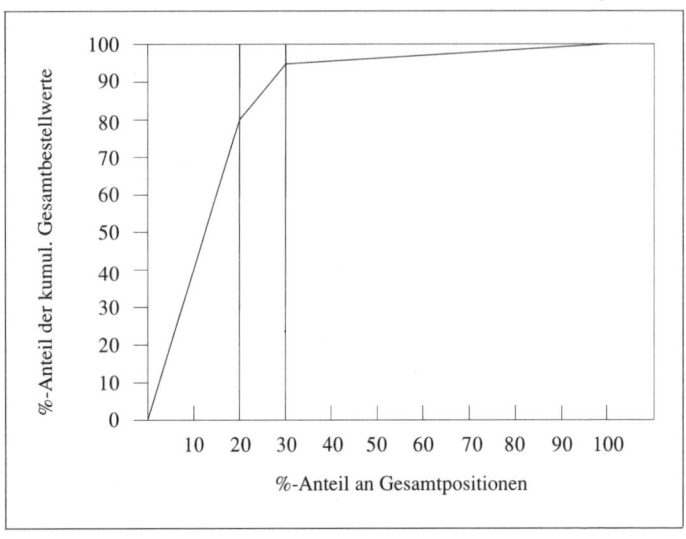

Abbildung 22: Graphische Darstellung einer
ABC-Klassifizierung

Bei der Analyse des Materialverbrauchs bzw. des Bestellumsatzes
sind die A-Materialien nach den modernsten Methoden zu planen,
zu disponieren und zu überwachen. Ferner sollten hier Beschaffungsmarktforschung betrieben sowie Preis-, Kostenstruktur- und
Transportanalysen vorgenommen werden. Für die Behandlung der
C-Materialien heißt die Devise: Arbeitsvereinfachung wo immer
möglich und dabei Kontrollmöglichkeit stichprobenmäßig sichern!

Bei der *Bestellwert- (Rechnungswert-) Analyse* ist es wesentlich,
die A-Bestellungen sorgfältig zu bearbeiten (Vertragsklauseln,
Preisfragen, Liefersicherung) und der Rechnungsprüfung besondere Aufmerksamkeit zu schenken. Für Klein- und Kleinstbestel-
lungen der C-Gruppe, bei denen die Kosten für eine Bestellung oft
den Bestellwert überschreiten, ist eine *vereinfachte Regelung* un-
umgänglich notwendig.

Schließlich sollte das Verhältnis zu den aufgrund der *Lieferanten-analyse* ermittelten meist sehr wenigen Lieferanten genau überprüft werden. Vor allem sollten deren Lieferwerke durch Mitarbeiter aus den Bereichen Einkauf, Konstruktion, Fertigung und Kalkulation besucht und dabei Fertigung und Einrichtung studiert sowie Preise, Kalkulation und Konditionen eingehend besprochen werden.

6 Einkauf als marktgerichtete Funktion der Materialwirtschaft

6.1 Einkaufspolitik als Teil der Unternehmenspolitik

6.1.1 Koordination von Einkaufs- und Unternehmenspolitik

Die wichtigste Hilfe für den Einkäufer und die Erfüllung seiner Beschaffungsaufgabe ist eine überlegte, alle Bereiche seiner Tätigkeit umfassende Einkaufspolitik. Sie ist das grundlegende Mittel, das Einkaufsgeschehen zu steuern und mit den Lieferanten richtig und zweckmäßig zusammenzuarbeiten.

Einkaufspolitik ist die Gesamtheit aller grundsätzlichen Entscheidungen und Maßnahmen, welche die Unternehmensleitung trifft, um die mit der sonstigen Geschäftspolitik abgestimmten Ziele auf dem Gebiet des Einkaufs zu verwirklichen. Einkaufspolitik ist nicht etwas Selbständiges, sondern Bestandteil der gesamten Geschäftspolitik einer Unternehmung.

Die Einkaufspolitik muß mit der Politik der Vorratshaltung, der Produktion und des Verkaufs übereinstimmen. Sie wird daher immer mehrere Blickrichtungen haben müssen: eine in das Unternehmen herein, eine aus dem Unternehmen hinaus auf die Beziehungen zu den anderen Unternehmen und eine weitere darüber hinaus in die Volkswirtschaft (zum Beispiel bei Fragestellungen über den Themenbereich „Umwelt"). In der Einkaufspolitik vereinigen sich je nach dem Produktions- oder Verkaufsumfang die Bedarfsplanung der Fertigungsabteilung und die Vorratsplanung der Lagerhaltung, die dann zur Beschaffungsplanung der Einkaufsabteilung führen.

Die Einkaufspolitik wird aus unternehmerischer Sicht zunächst einmal das Sicherheits- und Gewinnstreben der Unternehmen zu berücksichtigen haben. Dabei ist eine Reihe inner- und außerbetrieblicher Elemente zu beachten.

Die Aufgaben und Ziele des Einkaufs, nämlich

- Sicherung des Bedarfs an Gütern und Dienstleistungen,
- Gewährleistung der optimalen Funktionserfüllung der Güter und Dienstleistungen sowie
- Minimierung der Einkaufskosten und damit ein maximaler Gewinnbeitrag im Unternehmen,

können nicht unabhängig voneinander betrachtet werden.

Die Maximierung nur eines Ziels bewirkt, daß die anderen nur unvollkommen erreicht werden. Soll zum Beispiel die Sicherheit maximiert werden, können nicht immer optimal funktionserfüllende Güter beschafft und eine Kostenminimierung erreicht werden. Andererseits würde eine absolute Minimierung der Beschaffungskosten die Bedarfssicherstellung gefährden. Die erzielbare Kostenminimierung ist folglich ein relatives Minimum bei bestimmten Vorgaben zur Bedarfssicherstellung und Funktionserfüllung.

Daraus ergibt sich: Es können Zielkonflikte entstehen. Je nach der Unternehmenssituation kann ein bestimmtes Ziel den Vorrang haben. Es gibt keine eindeutige Zielkonstellation, sondern sie verändert sich mit der Bedingungslage des Unternehmens: In Zeiten der Hochkonjunktur hat die Bedarfssicherstellung eindeutig die Priorität unter Zurückstellung der Kostenminimierung. Bei einer Rezession dagegen steht die Kostenminimierung im Vordergrund, und die Sicherstellung des Bedarfs ist weniger problematisch.

Welche Bereiche umfaßt nun die Einkaufspolitik? Über die oben genannten Überlegungen hinaus ist festzulegen: Art und Qualität der zu beschaffenden Güter, Preispolitik und Preissicherung, Beschaffungsmenge, Beschaffungstermine, Lieferquellen und Standorterwägungen unter Berücksichtigung von Wirtschaftlichkeit und Sicherheit, Auftragsstreuung, Bindung an Lieferanten, Verhältnis zu den Lieferanten, gemeinsame Entwicklungsarbeiten mit Lieferanten, Liefer- und Zahlungsbedingungen, Produktionssicherung und Finanzierung, Entscheidung über Eigenfertigung oder Zukauf ebenso wie die Entscheidung über die Verlagerung von Teilfertigungen nach außerhalb (Subcontracting).

Von der Einkaufspolitik wird folglich eine starke Elastizität gefordert. Die Einkaufspolitik steht im wesentlichen unter dem Motto:

„Was der Einkauf einspart, brauchen die anderen Bereiche nicht zu verdienen"

oder

„Was der Einkauf versäumt, kann kein nachgeordneter Bereich mehr einholen. Es bleibt entgangener Gewinn!"

Die Aufspaltung der Unternehmenspolitik in verschiedene *funktionsorientierte Teilpolitiken* bedingt, daß der Unternehmensführung auch die Aufgabe zufällt, diese verschiedenen Bereichspolitiken zu koordinieren, um einseitige, meist durch übertriebenes Ressortdenken hervorgerufene, nicht im Gesamtinteresse liegende Machtballungen zu verhindern.

Die Unternehmensführung muß auf eine Abstimmung aller Unternehmensbereiche bedacht sein. Dies ist deshalb notwendig, weil die Teilpolitiken sich gegenseitig beeinflussen und in einem wechselseitigen Spannungsverhältnis stehen. Das trifft besonders auf die *Einkaufs- und Absatzpolitik* zu. Einkauf und Verkauf sind Kontaktabteilungen des Unternehmens, und zwar in entgegengesetzter Richtung.

Um Einkaufs- und Absatzpolitik zu koordinieren, muß ein systematischer Informationsfluß zwischen Einkauf und Verkauf bestehen. Grundlage hierfür sind klare Richtlinien für Einkaufs- und Verkaufsbedingungen, Vorschriften über die Durchführung von Gegengeschäften und Vorschriften hinsichtlich des Zusammenspiels zwischen Verkauf und Einkauf bei der Aufstellung von Produktionsplänen.

6.1.2 Marktorientierte Ausrichtung der Einkaufspolitik durch Beschaffungsmarketing

Die Praxis des industriellen Einkaufs war in den Anfängen erheblich durch die Bestellabwicklung aufgrund von Bedarfsmeldungen aus der Produktion geprägt. Die Aufgaben, die in diesem Zusammenhang vom Einkauf zu erfüllen waren, lagen im Bereich von Bestelltätigkeiten. Es handelte sich in der Hauptsache um verwaltende und operative Aufgaben. Aspekte der Planung, Steuerung und Kontrolle waren als Aufgaben von untergeordneter Bedeutung.

Es wurde in den Unternehmen angenommen, daß der Einkauf von Waren und Dienstleistungen problemlos mit der notwendigen Transparenz auf den Märkten realisiert werden kann. Diese Annahme leitet sich beispielsweise auch daraus ab, daß in den volkswirtschaftlichen Grundmodellen über Märkte und Preisbildung in der Regel die Markttransparenz vorausgesetzt wird.

In der betriebswirtschaftlichen Literatur standen Erklärungsmuster für den Kombinationsprozeß der betrieblichen Produktionsfaktoren im Vordergrund. Die traditionellen *Grundpfeiler der Betriebs-*

wirtschaftslehre sind auch heute noch die Bereiche Produktion, Kosten, Absatz und Finanzen.

Ein zunehmender Wettbewerbsdruck auf der Absatzseite, bedingt durch den Wechsel vieler Märkte von Verkäufer- zu Käufermärkten, führt heute zum Zwang einer verstärkten Kostenorientierung in den Bereichen Materialwirtschaft und Produktion. Dies bedingt eine zunehmende Marktorientierung auch der Einkaufspolitik und die Entwicklung leistungsfähiger logistischer Systeme.

Die zielgerichtete Ausrichtung der Unternehmen erfordert somit zur Sicherung der Wettbewerbsfähigkeit und zur Suche nach Wettbewerbsvorteilen auf der Einkaufsseite eine Orientierung in Richtung auf ein strategisch ausgerichtetes *Versorgungs- und Entsorgungsmanagement*. Zu diesem Zweck sind Ziele und Aufgaben zu einem strategischen (das heißt, zielgerichteten) *Beschaffungsmarketing* entwickelt worden. Sie sind ein Baustein zum Aufbau und zur Pflege von Versorgungsketten für das gesamte Unternehmen. Instrumente, die zu diesem Zweck eingesetzt werden können, sind beispielsweise

- Make or buy-Analysen,
- Wertanalysen,
- Preisanalysen,
- Global oder single sourcing,
- Instrumente der Informationsgewinnung, -verarbeitung und -auswertung.

Die *Beschaffungsmarktforschung* ist *das* Instrument zur Informationsgewinnung, -verarbeitung und -auswertung. Ohne dieses Instrument ist die Erfüllung dieses Ziels nicht möglich.

Durch die zunehmende Internationalisierung der Beschaffungsmärkte ist die strategische Ausrichtung des Einkaufs häufig durch eine Neuorientierung gekennzeichnet. Unabhängig von der Organisationsform eines zentralen oder dezentralen Einkaufs kann eine Dezentralisierung der Einkaufsaktivitäten durch

- Tochter- oder Schwestergesellschaften bei Großunternehmen,
- Einschaltung von Agenten und
- Beschaffungskooperationen

angestrebt werden, damit ein entsprechendes Versorgungsketten-Management erfolgt.

Die Wahl der strategischen Ausrichtung des Beschaffungsmarketings ist das Ergebnis eines umfangreichen Entscheidungsprozesses. Dabei müssen Faktoren, wie Branche, Größe des Unternehmens, Selbstverständnis des Unternehmens, Mitarbeiterqualifikation, historische Entwicklung der Einkaufsfunktion im Unternehmen und vor allem die Marktstellung und -situation berücksichtigt werden.

Eine einmal gewählte Strategie muß in die Einkaufsfunktion organisatorisch eingebunden werden und sollte langfristig im Rahmen der Einkaufspolitik verfolgt werden. Die Unternehmensleitung muß diese Form der strategischen Ausrichtung des Einkaufs unterstützen.

6.1.3 Einkaufspolitisches Instrumentarium

Zu den Verhaltensgrundsätzen für den Einkauf, worunter hier nur die allgemeinen Verhaltensnormen für die Einkäufer zu verstehen sind zählen:

- Loyalität gegenüber dem eigenen Unternehmen,
- Förderung der Interessen des Unternehmens,
- Erzeugung von Wettbewerb unter den Lieferanten,
- Keine zu enge Bindung an den Lieferanten,

- Keine zu enge Bindung des Lieferanten an das eigene Unternehmen,
- Vertrauliche Behandlung aller Lieferanten-Informationen,
- Bereitschaft, einen Rat anzunehmen und andere Abteilungen um Rat zu fragen,
- Bereitschaft, Informationen an andere Abteilungen zu geben,
- Beachtung von Verpflichtungen des eigenen Unternehmens,
- Gleiche Behandlung aller Verhandlungspartner,
- Fairneß gegenüber allen Verhandlungspartnern,
- Vermeidung ruinöser Machtausnutzung,
- Rücksichtnahme auf firmenpolitisch notwendige Gegengeschäfte (Förderung wechselseitiger Geschäftsbeziehungen).

Zu diesen Grundsätzen können noch weitere treten, die sozialpolitische und regionalpolitische Aspekte zum Inhalt haben, zum Beispiel:

- Bezug in bestimmtem Umfang von Klein- und Mittelbetrieben,
- Begrenzung des Auftragsvolumens bei bestimmten Lieferanten,
- Bezug in bestimmtem Umfang innerhalb bestimmter Regionen,
- Bezug von Konzernfirmen.

Einkaufspolitik ist eine Politik, die darauf abzielt, Versorgungsstrategien zu realisieren und durchzusetzen. Die Informationsbasis für die Einkaufspolitik sind die Ergebnisse der Untersuchungsobjekte der Beschaffungsmarktforschung (siehe dazu Abschnitt 6.2.3).

Marktseitig soll der relevante Einkaufsmarkt abgegrenzt werden. Unternehmensseitig werden insbesondere auf der Basis einer kurzfristigen Bedarfsplanung die Struktur der innerbetrieblichen Materialbereitstellung und die Sicherung der langfristigen Bereitstellung von Finanzmitteln zur Finanzierung des Beschaffungsvolumens und deren erfolgsoptimaler Einsatz angestrebt.

Das *einkaufspolitische Instrumentarium* als Teil der gesamten Unternehmenspolitik bezieht sich im wesentlichen auf die:

- Preispolitik,
- Liefermengen- und Lieferzeitenpolitik,
- Konditionenpolitik,
- Lieferantenpolitik,
- Vertragspolitik,
- Qualitätspolitik,
- Servicepolitik,
- Kommunikationspolitik,
- Make-or-Buy-Entscheidung.

Grundsätzlich können die einzelnen Teilpolitiken eher risikobereit (Gewinndenken) oder risikoarm (Sicherheitsdenken) ausgestaltet werden. Dies ist im Zusammenhang mit der gesamten Ausrichtung des Unternehmens zu betrachten.

Die Zielsetzung der *Preispolitik* besteht darin, Einstandspreise zu erreichen, bei denen der Erfolgsbeitrag des Einkaufs zum Unternehmensergebnis möglichst groß ist. Damit soll das wertmäßige Einkaufsvolumen begrenzt werden. Die Voraussetzung hierfür ist allerdings, daß die Preise zwischen Einkäufer und Lieferanten *frei* auszuhandeln sind.

Die *Liefermengen-* und *Lieferzeitenpolitik* unterliegen einer starken Beeinflussung durch das externe Versorgungssystem. Die Liefermengenpolitik kann so gestaltet werden, daß etwa bei zu erwartenden Preiserhöhungen oder bei Mengenverknappung bereits weit im Vorfeld durch eine Erhöhung der Lagerbestände reagiert wird.

Dies führt zu Kostenvorteilen, die darüber hinaus auch durch fertigungstechnische Gesichtspunkte beim Lieferanten, wie etwa die Einhaltung handelsüblicher Losgrößen, erreicht werden können. Bei der Lieferzeitenpolitik wird versucht, zu einer Reduzierung der Lieferzeiten in Verbindung mit einer möglichst hohen Lieferflexibilität zu kommen. Aspekte der Versorgungssicherheit und Kostenreduktion sind zu beachten.

Bei der *Konditionenpolitik* werden die Produktnebenleistungen, wie etwa Zahlungsbedingungen, Lieferbedingungen, Abnahmebedingungen und Garantiebedingungen für das einkaufende Unternehmen gestaltet, und es wird versucht, mit dem jeweiligen Lieferanten zu einer entsprechenden Übereinkunft zu kommen.

Die *Lieferantenpolitik* hat das Ziel wettbewerbsfähige Lieferanten aufzubauen, zu pflegen und zu sichern. Damit diese Zielsetzung durch die Lieferantenpolitik erreicht werden kann, muß der Einkauf eine aktive Gestaltung der Lieferantenstruktur verbunden mit Prinzipien der Lieferantenauswahl und Lieferantenbeurteilung vornehmen. Maßnahmen, die in diesem Zusammenhang erfolgen können, sind beispielsweise die Festlegung der Lieferantenzahl (single oder multiple sourcing), die Lieferantenförderung, -entwicklung und -erziehung sowie eine immer mehr zunehmende Internationalisierung der Einkaufsaktivitäten.

Die Vertragspolitik befaßt sich mit der inhaltlichen Gestaltung des Vertrages und der Vertragsform (siehe dazu auch Abschnitt 6.3.3). Auswahlkriterien für die Vertragsform, die vom Einkauf gewählt wird, sind beispielsweise Kostenaspekte, Effekte auf Liquidität und die Steuerlast des Unternehmens und besondere rechtliche Vorschriften (zum Beispiel beim Einkauf von Dienstleistungen).

Mit der *Qualitätspolitik*, die in engem Zusammenhang mit der Möglichkeit der Standardisierung gesehen werden muß, werden Maßnahmen zur individuellen Sicherung der eigenen Kundenwünsche und Fragen der Materialprüfung und Zuverlässigkeit für das Unternehmen festgelegt.

Die *Servicepolitik* ist insbesondere bei längerlebigen Gebrauchsgütern (Investitionsgütern) und bei Dienstleistungen wie etwa Programmierleistungen bedeutsam. Es stellen sich Fragen nach Kundendienst und Beratung. Darüber hinaus sind auch Kulanz- und Gewährleistungsaspekte im Rahmen der Servicepolitik zu beachten.

Die *Kommunikationspolitik* erhält immer größere Bedeutung im Verhältnis zwischen den Lieferanten und Kunden (zum Beispiel Möglichkeit der Datenfernübertragung (DFÜ)). Sie ist die Voraussetzung für eine wirksame Einkaufspolitik. Mit der Kommunikationspolitik wird der Informationsfluß vom Lieferanten und von Kunden gestaltet und koordiniert.

Verkürzte Produktlebenszyklen, Kapitalintensität eigener Produktion und Kostenoptimierung sind Gründe für einen ständig steigenden Fremdbezug, der sich auch in hohen Prozentzahlen für den Materialeinsatz ausdrückt (siehe dazu Abschnitt 1.3).

Mit der *Make or buy-Entscheidung*, also der Frage des Fremdbezugs oder der Eigenfertigung, wird Einfluß auf die Fertigungstiefe des eigenen Unternehmens genommen, die heute tendenziell rückläufig ist. Insofern hat diese Entscheidung eine große Bedeutung für die Marktstellung des eigenen Unternehmens. Die Aufgabe des Einkauf besteht darin, die marktseitigen Informationen für den entsprechenden Entscheidungsprozeß zu liefern.

6.2 Beschaffungsmarktforschung als Informationsinstrument für Marktdaten

6.2.1 Verfahren und Methoden der Informationsgewinnung

Damit der Einkäufer für seine Einkaufsmärkte einen Überblick über möglichst viele Einflüsse und Untersuchungsobjekte erhält, muß er neben den mehr abwicklungstechnisch geprägten Aufgaben der Bestellabwicklung, bis hin zur Bereitstellung für den entsprechenden Bedarfsträger, auch seine Einkaufsmärkte erkunden bzw. erforschen.

Die *Beschaffungsmarkterkundung* ist eine gelegentliche, nicht systematische Untersuchungsform von Einkaufsmärkten. Diese Form der Informationserhebung wird in der Regel durch jeden Einkäufer genutzt. Bei größeren Einkaufsvorhaben im Investitionsgüterbereich für eine maschinelle Anlage wird beispielsweise erkundet, welche Hersteller eine solche Anlage am Markt anbieten, mit welchen Herstellern bereits Erfahrungen im eigenen Haus gemacht worden sind und wo eventuell Referenzanlagen zu besichtigen sind. Bei wichtigen, wiederkehrenden Einkaufsteilen in der Serienfertigung wird beispielsweise über sporadische Anfrageaktionen das Preisgefüge mittels Beschaffungsmarkterkundung überprüft.

Häufig ergibt sich aus Erfahrungswerten, daß eine Einschätzung des Marktes und der eigenen Position auf dem Markt auf dieser Basis vorgenommen werden kann. Eine solche Beschaffungsmarkterkundung sollte nach Möglichkeit für alle Einkaufsteile erfolgen, damit überhaupt Informationen über bestimmte Zukaufteile oder Gruppen von Zukaufteilen verfügbar sind. Nur so kann die Gefahr von Fehleinschätzungen im Einkaufsbereich verringert werden.

Für wichtige und umsatzstarke Zukaufteile ist diese Möglichkeit der Informationserhebung allein nicht ausreichend. Bei wichtigen und umsatzstarken Einkaufsteilen muß eine regelmäßige und systematische Form der Untersuchung der Einkaufsmärkte durch die Beschaffungsmarktforschung gewählt werden.

Beschaffungsmarktforschung ist in diesem Zusammenhang eine Möglichkeit, systematisch Informationen zu sammeln, aufzubereiten und zu analysieren, so daß die Einkaufsmärkte des Unternehmens transparenter werden. Ziel ist es, durch diese Vorgehensweise eine Verbesserung der Entscheidungsfindung im Einkauf zu erreichen, so daß eine ausgewogene Kombination zwischen Preis, Qualität, Termin, Menge und anderen Faktoren, die das materialwirtschaftliche Optimum bestimmen, ermöglicht wird.

Aus dieser allgemeinen Beschreibung über das Ziel, das mit Beschaffungsmarktforschung erreicht werden soll, können weitere Ziele und Aufgabenstellungen für das Unternehmen abgeleitet werden. Einzelne Ziele und Aufgaben zur Unterstützung der täglichen Einkaufsarbeit durch die Beschaffungsmarktforschung sind:

- die Lieferantensubstitution,
- die Materialsubstitution,
- eine marktangepaßte Mengen- und Zeitdisposition,
- die Optimierung logistischer Anforderungen,
- die Unterstützung der jeweils gewählten Einkaufstaktiken,
- die ausgewogene Information aller Unternehmensbereiche und
- die Absicherung von Währungsrisiken aus dem Vertrieb eigener Produkte auf Fremdwährungsmärkten.

Durch die Erhebung von Marktinformationen gewinnt der Beschaffungsmarktforscher einen Überblick über die tatsächliche Situation und über tendenzielle Entwicklungen auf den Beschaffungsmärkten. Dabei ist die Informationsgewinnung mittels Beschaffungsmarktforschung durch unterschiedliche Methoden möglich.

Die Grundlage bilden die in der Marktforschung üblichen Unterscheidungen bei der Erhebung von Marktinformationen. Eine Methode der Erhebung von Informationen ist die Primär- und Sekundärforschung.

Mit der *Primärforschung* erfolgt die Informationsgewinnung durch eine direkte Erhebung der benötigten Daten der Beschaffungsmärkte. Die hierbei eingeleiteten Untersuchungen werden unmittelbar zum Zweck der Markterkundung oder Beschaffungsmarktforschung mittels Befragung und/oder Beobachtung angestellt. Die Informationsgewinnung bei der Primärforschung erfolgt

- über schriftliche, fernschriftliche oder telefonische Anfrageaktionen bei Lieferanten oder potentiellen Lieferanten,
- durch den Besuch nationaler oder internationaler Messen und Ausstellungen,
- durch persönliche Gespräche in Verhandlungen oder bei Lieferantenbesuchen,
- durch Firmen- und Objektbesichtigungen, usw.

Damit die *Informationsgewinnung* möglichst effizient erfolgen kann, ist eine gute Vorbereitung durch einen Fragenkatalog oder über Checklisten sinnvoll. Die Informationsgewinnung primärer Daten ist mit erheblichem Zeitaufwand und entsprechenden Kosten verbunden. Daher ist es notwendig, sich bereits vor Beginn der Primärerhebung ein Ziel zu setzen, das über standardisierte Schemata erreicht werden soll, so daß auch ein Vergleich zu anderen Lieferanten durch unbeteiligte Personen möglich wird.

Mit der *Sekundärforschung* erfolgt die Informationsgewinnung durch eine indirekte Erhebung der benötigten Daten der Beschaffungsmärkte. Die Informationsgewinnung erfolgt auf der Basis von Daten, die für einen anderen Zweck erhoben und aufbereitet wurden und bereits in schriftlicher Form vorliegen. Diese Daten können in

- Geschäftsberichten,
- Fachzeitschriften,
- Statistiken diverser Stellen oder Verbände

enthalten sein. Auf dieser Basis der Sekundärforschung ist zumindest eine erste Einschätzung eines Lieferanten möglich.

Diese Form der Informationsgewinnung ist relativ kostengünstig. Dabei sollte auch der Grundsatz gelten, daß zunächst die Möglichkeit der Informationsgewinnung über sekundäre Daten genutzt werden, bevor primäre Daten neu erhoben werden.

Das hat jedoch den Nachteil, daß diese mittelbar erhobenen Daten für bestimmte Fragestellungen des Einkaufs nur einen begrenzten Aussagewert haben können. Außerdem besteht die Gefahr der Informationsüberflutung, wenn die für den jeweiligen Zweck benötigten Informationen in einem Unternehmen nicht geordnet erfaßt werden. Weiterhin ist zu vermeiden, daß veraltete Daten die Grundlage der Sekundärforschung bilden. Eine ständige Pflege und Aktualisierung der sekundären Daten ist daher notwendig.

Eine weitere Methode der Erhebung von Marktinformationen besteht im field und desk research. Beim *field research* handelt es sich um eine Methode, bei der die Informationsgewinnung vor Ort erfolgt. Eine weitere gebräuchliche Bezeichnung für diese Methode ist die *Feldforschung*. Gemeint ist mit dieser Art der Informationserhebung, daß der Beschaffungsmarktforscher die benötigten Daten durch eigene Initiative vor Ort, beispielsweise durch Lieferanten- oder Messebesuche ermittelt. Häufig wird diese Methode der Erhebung mit der Primärforschung gleichgesetzt. Diese Gleichsetzung ist jedoch nicht exakt und auch nicht sinnvoll, weil unterschiedliche Begriffe auch unterschiedliche Begriffsinhalte zur Folge haben. Jedoch ist sicherlich festzuhalten, daß die Primärforschung zu einem großen Teil aus field research besteht.

Desk research ist eine Methode, bei der die Informationsgewinnung am Schreibtisch des Beschaffungsmarktforschers durch Auswertung von Statistiken, Fachzeitschriften, Anfragen usw. erfolgt. Diese Methode der Informationsgewinnung wird häufig mit der Sekundärforschung gleichgesetzt. Auch in diesem Fall erscheint eine völlige Gleichsetzung nicht sinnvoll. Sicherlich ist jedoch festzustellen, daß die Sekundärforschung fast ausschließlich aus desk research besteht.

Die systematische Verfahrensweise der Informationsgewinnung bei der Beschaffungsmarktforschung erfolgt über die Marktanalyse, die Marktbeobachtung und die Marktprognose.

Die *Marktanalyse* verfolgt das Ziel, eine Art Querschnitt durch den Markt zu legen, um damit seine qualitative und quantitative Zusammensetzung, das heißt seine Struktur zu einem bestimmten Zeitpunkt, aufzuzeigen. Marktanalyse ist damit eine Methode der systematischen Untersuchung einzelner Sachverhalte bzw. Untersuchungsobjekte, um hiermit die Markttransparenz zu erhöhen.

Im Mittelpunkt der Untersuchung steht nicht der globale Markt im volkswirtschaftlichen Sinn. Es werden spezielle Aspekte von Teilmärkten auf der Beschaffungsseite in der Form einer Momentaufnahme erfaßt.

Mit der Marktanalyse werden beispielsweise zu einem bestimmten Zeitpunkt Informationen über die Zahl und Zusammensetzung der Anbieter, die bestehenden Kapazitäten, die Stellung der einzelnen Marktteilnehmer und die Preissituation gesammelt.

Die Marktanalyse ist der erste Schritt einer Beschaffungsmarktforschung und ist insofern das Ausgangsmaterial für die Auswertung und Präsentation der Informationen. Die Auswertung und Erfassung der gesammelten Informationen kann beispielsweise über eine Lieferanten- oder Preisdatei und über Statistiken erfolgen. Die Ergebnisse der Auswertung können durch Berichte oder Daten innerhalb der Lieferantendatei den zuständigen Stellen im ganzen Unternehmen übermittelt werden. Ein wesentliches Darstellungsinstrument ergibt sich aus der Bildung von Kennzahlen zur Preisentwicklung, von Lagerumschlagskennziffern oder dem prozentualen Einkaufswert eines Produkts am Gesamteinkaufswert.

Diese Materialien können insbesondere zur Unterstützung der täglichen, operativen Arbeit eingesetzt werden. Erst durch eine Ergänzung der in der Marktanalyse gesammelten Materialien durch eine Marktbeobachtung ist eine aussagekräftige Auswertung und Präsentation möglich.

Mit der *Marktbeobachtung* erfolgt die laufende und systematische Ergänzung der einmaligen Bestandsaufnahme durch eine Marktanalyse. Die Marktbeobachtung ist eine zeitraumbezogene Analyseform und ergänzt insofern die Marktanalyse. Durch die Marktbeobachtung werden Informationen gesammelt, die dem Beschaffungsmarktforscher nähere Angaben über bisherige Entwicklungen und Trends machen.

Im einzelnen müssen folgende Aspekte berücksichtigt werden:

– Veränderungen der vorherrschenden Marktform,
– Veränderungen der Marktposition einzelner Anbieter und Nachfrager,
– Veränderungen der Rohstoffsituation,
– Aufkommen von Substitutionsgütern,
– Aufkommen neuer technischer Verfahren,
– Preisentwicklungen,
– Veränderungen der Transportverhältnisse,
– Marktschwankungen.

Die einzelne Kaufentscheidung kann bereits durch diese vergangenheitsbezogenen Informationen stärker abgesichert werden. Die Gefahr der Fehlentscheidung verringert sich.

Bei der Auswertung der Informationen der Marktanalyse und Marktbeobachtung handelt es sich um vergangenheitsorientierte Daten, die den Informationsstand verbessern sollen. Erst auf der Basis zukunftsorientierter Informationen durch eine Marktprognose erhält der Beschaffungsmarktforscher die Möglichkeit, langfristige Trends und Entwicklungen vorauszusagen. So ist eine frühzeitige Reaktion auf Veränderungen möglich.

Mit der *Marktprognose* wird der Versuch einer Voraussage zukünftiger Marktentwicklungen unternommen. Die Basis der Marktprognose sind vergangenheitsbezogene Daten. Auf dieser Basis kann mit Hilfe statistischer Verfahren eine tendenzielle Fortschreibung der Daten erfolgen. Es besteht auch die Möglichkeit, unter Einbeziehung von geschätzten zukünftigen Entwicklungen eine Marktprognose vorzunehmen.

Ein statistisches Verfahren zur Fortschreibung der Daten ist beispielsweise die exponentielle Glättung (siehe Abschnitt 4.2.3).

6.2.2 Überblick wichtiger Informationsquellen

■ **Informationsquellen innerhalb des eigenen Unternehmens**

Die Informationsgewinnung durch Beschaffungsmarktforschung kann durch Informationsquellen innerhalb und außerhalb des eigenen Unternehmens erfolgen. Bei den Informationsquellen innerhalb des eigenen Unternehmens handelt es sich um betriebsinterne Aufzeichnungen in Form

- von Statistiken,
- einer Lieferantendatei und Preisdatei,
- von Informationen von Mitarbeitern der Bereiche Technik, Konstruktion, Entwicklung, Warenannahme, Materialprüfungsstelle, Arbeitsvorbereitung, usw.,
- von Protokollen über materialbedingte Betriebsstörungen und
- von Absatzmarktforschung.

Statistische Aufzeichnungen im Unternehmen, die beispielsweise Informationen über Bedarfsmengen und Bedarfszeitpunkte liefern, können Produktions-, Verbrauchs-, Lager- und Absatzstatistiken sein. Stücklisten, Rezepturen und Arbeitspläne liefern Aussagen über die Zusammensetzung eines Produktes, seine Abmessungen, Toleranzen und Qualitäten.

In der Lieferantendatei müssen alle wesentlichen Informationen über Lieferbeziehungen und deren Historie enthalten sein. Durch die Preisdatei müssen die Entwicklungen unterschiedlicher Produktpreise verfolgt werden können. Dabei ist zu beachten, daß die Pflege solcher Dateien mit relativ großem Aufwand verbunden sein kann, insbesondere dann, wenn keine EDV-gestützte Datei zur Verfügung steht und statt dessen auf eine manuell geführte Kartei zurückgegriffen werden muß. Hier sind organisatorische Maßnahmen zu ergreifen, den Pflegeaufwand des Informationsmaterials so zu gestalten, daß ein großer Teil der Informationen automatisch aus dem laufenden Geschäft für die Zwecke der Beschaffungsmarktforschung zur Verfügung gestellt werden kann.

Die Nutzung von Informationen von Mitarbeitern aus anderen Unternehmensbereichen weist darauf hin, daß eine effiziente Beschaffungsmarktforschung *Teamarbeit* erfordert, damit der Nutzen für das gesamte Unternehmen möglichst hoch ist. Bei dieser Teamarbeit ist der offene und ehrliche Informationsaustausch unabhängig von Abteilungsinteressen eine Grundvoraussetzung.

Protokolle über rein materialbedingte Betriebsstörungen sind in vielen Unternehmen zwar nicht üblich, bedeuten aber eine wertvolle Informationsquelle. Neben der Preisbetrachtung müssen bei einer Einkaufsentscheidung auch die Kostenwirkungen in der Produktion berücksichtigt werden. Unter diesem Gesichtspunkt besteht durchaus die Möglichkeit, daß ein qualitativ wertvolleres Produkt mit einem höheren Preis langfristig günstiger ist als ein billigeres Produkt, das eventuell hohe Fehlmengenkosten verursacht. Unter Umständen nehmen dadurch die materialbedingten Störungen ab.

Die *Absatzmarktforschung* als Möglichkeit, Informationen im eigenen Unternehmen für die Beschaffungsmarktforschung zu nut-

111

zen, kann beispielsweise dazu verwendet werden, frühzeitig einen Überblick über neu einzukaufende Teile zu erhalten. So kann bereits rechtzeitig die Situation auf diesem Beschaffungsmarkt eingeschätzt werden.

■ Informationsquellen außerhalb des eigenen Unternehmens

Die Informationsgewinnung durch Informationsquellen außerhalb des eigenen Unternehmens ist vielfältig. Neben der Ermittlung primärer Daten über Anfrageaktionen, Verhandlungen und anderes sind insbesondere mittelbare, sekundäre Daten zu gewinnen. Informationsquellen können hierbei sein:

- Allgemeine amtliche Statistiken,
- Verbands- und Kammerstatistiken,
- Bundesbank-Berichte:
  Geschäftsberichte der Deutschen Bundesbank,
  Monatsberichte der Deutschen Bundesbank,
  Jahresberichte der Landeszentralbanken,
- Daten der Wirtschaftsverbände,
- Publikationen der Geschäftsbanken,
- Veröffentlichungen von Marktforschungsinstituten und Konjunkturforschungsinstituten,
- Fachliteratur, Fachzeitschriften, Informationsdienste und Tageszeitungen,
- Überregionale Firmen- und Branchenverzeichnisse,
- Firmenkataloge, Firmenveröffentlichungen, Geschäftsberichte und Werbezeitschriften,
- Internationale Informationen beispielsweise über Botschaften oder Konsulate,
- Auskunfteien,
- Erfahrungsaustausch mit Fachkollegen,
- Informationen aus Lieferfirmen durch Lieferantenbefragungen, Lieferantenbesuche und Betriebsbesichtigungen,
- Probelieferungen,

112

- Öffentliche Datenbanken,
- Messen und Ausstellungen.

Welche Informationsquellen bei konkreten Vorhaben eingesetzt werden, ist vom Einzelfall abhängig. Dabei ist jedoch immer zu beachten, daß die gewählten Informationsquellen möglichst aussagefähig und aktuell sind. Zudem muß berücksichtigt werden, daß das *Kosten-Nutzen-Verhältnis* gewahrt bleibt.

Es ist nicht ausreichend, Informationen aus diesen Informationsquellen in irgendeiner Form zusammenzutragen. Die gesammelten Daten müssen systematisch geordnet, gespeichert und ausgewertet werden. Es ist auch nicht notwendig, daß jeder Einkäufer als Beschaffungsmarktforscher tätig wird und versucht, allgemeine Daten, Entwicklungen und Trends über wirtschaftliche Entwicklungen (z.B. den Konjunkturverlauf) zu ermitteln. Solche Informationen können zum Beispiel durch einen Mitarbeiter ermittelt und zusammengestellt werden.

Damit die relevanten Wirtschaftsdaten (insbesondere Preisindexentwicklung, Entwicklung der Rohstoffsituation, Wirtschaftswachstum, Tariflohnerhöhungen) jedem Einkäufer zugänglich sind, können diese als Schätzung der volkswirtschaftlichen Rahmenbedingungen in das Materialwirtschaftshandbuch aufgenommen werden.

Die Materialien des Statistischen Bundesamtes, die nicht die notwendige Aktualität haben (zum Beispiel im Bereich der Zahlen im Exportbereich), können insbesondere durch aktuelles Statistikmaterial aus den Monatsberichten der Deutschen Bundesbank ergänzt werden.

Die Informationsquellen außerhalb der Unternehmung liefern insgesamt somit einen umfassenden Überblick über die Situation auf den Beschaffungsmärkten. Insofern sind erhebliche Vorteile aus der Nutzung dieser Informationsquellen zu erzielen. Dabei ist es wichtig, sich auf wesentliche Informationen zu beschränken, die für den *Einkaufsbereich* zweckdienlich sind.

■ Messen und Ausstellungen als besondere Form der Informationsgewinnung

Messen und Ausstellungen als besondere Informationsquelle außerhalb des Unternehmens zur Informationsgewinnung bieten dem Beschaffungsmarktforscher bei einer gründlichen und systematischen Vorbereitung eine gute Möglichkeit der Verbesserung seines Informationsstandes. Es besteht die Möglichkeit, sich auf einem räumlich abgegrenzten Gelände einen Überblick über das Angebot spezieller Güter zu verschaffen.

Die Begriffe Messe und Ausstellung werden heute vielfach synonym verwendet. Ursprünglich wurde zwischen diesen beiden Formen der Unterbreitung eines Angebotes unterschieden. Der wesentliche Unterschied bestand darin, daß einer Messe der Marktcharakter zugesprochen wurde (das heißt, es konnten Geschäfte abgeschlossen werden), während eine Ausstellung mehr einen informativen Charakter hatte, ohne daß die Möglichkeit des Geschäftsabschlusses bestand.

Die *Vorteile von Messen und Ausstellungen* als Informationsquellen liegen insbesondere in folgenden Möglichkeiten:

– Objektbesichtigungen,
– Konkurrenzvergleiche,
– Persönlicher Kontakt,
– Informationen über Produktneuheiten.

Der Beschaffungsmarktforscher kann seine Kenntnisse über technische Verfahren und Entwicklungen, sowie deren wirtschaftliche Auswirkungen erneuern und dadurch Ideen in das eigene Unternehmen einbringen.

114

Der Besuch von Messen und Ausstellungen führt aber auch zu Nachteilen. Im einzelnen kann nachteilig festgestellt werden, daß ein Messebesuch

- einen erheblichen finanziellen und zeitlichen Aufwand erfordert,

- unter Umständen die notwendige Konzentration zur Sammlung von Informationen nicht ermöglicht und daß nicht immer, wenn diese Informationsquelle benötigt wird, diese auch verfügbar ist.

Der Besuch einer Messe oder Ausstellung bedingt eine gründliche Vor- und Nachbereitung des eigentlichen Besuchs. In der Phase der Vorbereitung einer Messe müssen alle Sachgebiete und Probleme, über die Informationen gesammelt werden sollen, benannt werden. Dazu ist es beispielsweise auch sinnvoll, daß andere Abteilungen ihre benötigten Informationen über ein Formblatt weitergeben, so daß der Einkäufer als Beschaffungsmarktforscher im Sinne einer guten Teamarbeit auch für diese Abteilungen Informationen einholen kann. Damit kann auch vermieden werden, daß mehrere Personen zu einem Problemkreis, der auch von einer Person geklärt werden kann, auf einer Messe oder Ausstellung vertreten sind.

Auf dieser Basis können dann Firmen ermittelt werden, von denen die gewünschten Informationen voraussichtlich zu erhalten sind (zum Beispiel auch über den Bestand bestehender Anfragen zu Aufträgen oder Projekten). Über Fragekataloge und Checklisten ist es dann möglich, die Informationsgewinnung vorzunehmen. Damit ein zeitlich effizienter Ablauf des Messebesuchs erfolgen kann, sollte als nächster Schritt ein detaillierter Besuchsplan unter Berücksichtigung der räumlichen Gegebenheiten und gegebenenfalls auch mit entsprechenden Pufferzeiten entworfen werden.

Während des *Messebesuchs* sollte versucht werden, den Besuchsplan möglichst strikt einzuhalten, ohne sich zu sehr von Nebensächlichkeiten ablenken zu lassen. Der Besuch eines Messestandes sollte nicht unter Zeitdruck erfolgen. Sind einige Sachverhalte im Rahmen der Messe nicht zu klären, empfiehlt sich die sofortige Fixierung eines Termins nach der Messe. Sachverhalte sollten nicht nur mündlich vorgetragen werden. Eine Möglichkeit der schriftlichen Ergänzung ist von Vorteil.

Nach Abschluß des Messebesuchs muß eine Nachbereitung in der Form einer Messeauswertung erfolgen. Die Abteilungen, die durch den Beschaffungsmarktforscher Informationen angefordert haben, müssen informiert werden. Weiterhin ist ein Besuchsbericht der Messe schriftlich zu formulieren, der allen Interessierten Daten und Fakten über erhaltene Informationen und gewonnene Erkenntnisse bietet und diesen auch verfügbar gemacht wird.

Abschließend ist festzuhalten: Messen und Ausstellungen, die in dieser Form zur Informationsgewinnung genutzt werden, liefern sicherlich vorteilhafte Informationen. Die Informationsgewinnung auf diesem Weg ist allerdings mit sehr sorgfältiger Arbeit verbunden.

6.2.3 Untersuchungsobjekte

■ Produkt oder Leistung

Das zuerst zu nennende *Untersuchungsobjekt einer Beschaffungsmarktforschung* ist das Produkt bzw. die (Dienst-)Leistung. Grundlage für die Wahl dieses Untersuchungsobjektes ist, welche Produkte oder Leistungen vom eigenen Unternehmen am Markt angeboten werden. Auf dieser Basis kann eine Analyse, Beobachtung und Prognose der Produkte und Leistungen durchgeführt werden, die zur Erstellung der eigenen Produkte oder Leistungen eingekauft werden oder eingekauft werden können.

Eine wichtige *Grundlage für die Untersuchung* von Produkten und Leistungen ist beispielsweise die Kenntnis

- der Grundstoffe und Materialqualitäten sowie ihrer Kontrolle,
- der eingesetzten Teile und Qualitäten,
- der Eigenschaften und Besonderheiten (technisch, chemisch, physikalisch),
- des Anforderungsprofils,
- der Produktionsverfahren sowohl im eigenen Haus als auch beim Lieferanten,
- der technischen Funktionen,
- der Lebensdauer oder auch der Verderblichkeit,
- der Alternativen, Entwicklungstrends und Innovationen,
- des Lebenszyklus,
- der Kostenanalyse.

Alle Kenntnisse über ein Produkt oder eine Leistung kann der Einkäufer als Beschaffungsmarktforscher sicherlich nicht allein ermitteln. Vielmehr erscheint es zweckmäßig, die Informationen über ein Produkt im Team von qualifizierten Mitarbeitern, die mit einer speziellen Produktgruppe befaßt sind, gemeinsam zu erarbeiten.

■ **Marktstruktur und Marktbewegungen**

Die Marktstruktur wird maßgeblich durch die Marktfaktoren auf der Angebotsseite und Nachfrageseite bestimmt.

Auf der *Angebotsseite* sind für den Beschaffungsmarktforscher die gewonnenen Erkenntnisse hinsichtlich

- der angebotenen Qualitäten,
- der Mengen/Volumen/Marktanteile,
- der Konkurrenzsituation,
- der Elastizität des Angebots, daß heißt der Reaktionsmöglichkeit der Lieferanten auf Strukturbrüche,

- der geographischen Verteilung der Lieferanten,
- der Vertriebswege,
- der Kapitalverflechtungen,
- der Import- bzw. Exportquote und
- der Usancen und Rechtsfragen

zu untersuchen.

Auf der *Nachfrageseite* sind die Informationen über

- die konkurrierenden Abnehmer,
- den Anteil derer am Materialverbrauch am Gesamtmarkt und
- den eigenen Marktanteil und das Nachfragegewicht am Beschaffungsmarkt

zu betrachten. Die dabei ermittelten Ergebnisse unterliegen durch die Dynamik der Märkte einem steten Wandel, der sich in Marktbewegungen und -entwicklungen ausdrückt.

Die Beschreibung der Marktfaktoren, die die Marktstruktur bestimmen, bedeutet eine Beschreibung des Marktes in einem statischen Zustand. Die *Marktfaktoren* verändern sich jedoch stetig. Es kommt zu einem dynamischen Prozeß von Marktbewegungen und -entwicklungen. So kann es vorkommen, daß am Markt neue Lieferanten auftreten, oder Lieferanten aus den unterschiedlichsten Gründen bestimmte Produkte oder Leistungen nicht mehr anbieten. Dadurch ändern sich die zur Verfügung stehenden Produktionskapazitäten und damit auch die Quantitäten/Mengen des Produktes oder der Leistung. Weiterhin verändert sich auch die Konkurrenzsituation.

Auf der Nachfrageseite kann beispielsweise die Zahl der konkurrierenden Abnehmer dadurch verändert werden, daß ein bestimmtes Produkt, das bislang nur begrenzt eingesetzt worden ist, durch technische Innovationen auch auf ganz anderen Gebieten einsetzbar wird. Es treten somit Verschiebungen im Marktgefüge auf, die

118

die Dynamik von Märkten verdeutlichen. Methodisch kann diese Dynamik vom Beschaffungsmarktforscher nur durch eine *permanente Beobachtung der Marktfaktoren* erfaßt werden. Gründe für eine dynamische Entwicklung auf Märkten können z.b. sein:

- Produkt- und Leistungsinnovationen,
- Neue Techniken,
- Geänderte Wettbewerbssituation,
- Absprachen und Deregulationen,
- Fusionen und Entflechtungen,
- Währungssituation
- Gesetzliche Veränderungen
- Marktintegrationen (z.b. auf dem EU-Binnenmarkt),
- Internationale Investitionsströme,
- Kostensprünge der Blöcke Arbeit, Material und Kapital,
- Marktatomisierungen,
- Werbung und Marketing,
- Preis- und Mengenbewegungen (zum Beispiel Konjunktur),
- Lieferzeitentwicklung,
- Politische Gegebenheiten und Bedingungen,
- Arbeitskämpfe sowie
- Rohstoffsituation.

Diese Marktentwicklungen werden auch maßgeblich durch die Einkaufsfunktion, durch die ständige Suche nach Neuigkeiten und Alternativen gefördert. Der Einkäufer sollte dabei grundsätzlich daran interessiert sein, die Intensivierung des Wettbewerbs auf seinen Einkaufsmärkten langfristig aktiv zu fördern. Nur so ist eine langfristige sichere und kostengünstige Versorgung des Unternehmens zu gewährleisten.

■ **Lieferant**

Ein weiteres Untersuchungsobjekt der Beschaffungsmarktforschung ist der Lieferant. Hiermit sind sowohl die Lieferanten angesprochen, die zur Zeit das Unternehmen mit Waren beliefern, als auch alle potentiellen Lieferanten.

Es werden Informationen gesammelt, die aussagekräftige Angaben über einen Lieferanten in technischer und wirtschaftlicher Hinsicht liefern.

Zunächst wird im Rahmen der Beschaffungsmarktforschung ein Überblick über die allgemeine Lage des Unternehmens benötigt. Dazu gehören Informationen

- zur Rechtsform des Unternehmens,
- zur Umsatz- und Personalentwicklung,
- zur Entwicklung des Pro-Kopf-Umsatzes,
- zur Bonität,
- über Patente und Lizenzen,
- über Konzernzugehörigkeit,
- über Mitarbeiterfluktuationen,
- über den entsprechenden Arbeitgeberverband bzw. über die zuständige Gewerkschaft,
- über die Führung und den Führungsstil,
- über Personalentwicklungs- und Weiterbildungskonzepte,
- über Forschung und Entwicklung,
- über logistische Aspekte und
- über die zur Verfügung stehenden Kommunikationsmittel.

Über diese allgemeinen Daten hinaus muß die Beschaffungsmarktforschung das gesamte *Liefer- und Leistungsprogramm* untersuchen. Hierzu gehört eine Übersicht über das Produktionsprogramm mit den entsprechenden Produktionskapazitäten, deren Auslastung, der Produktqualität und den Produktionsverfahren.

Weiterhin sind Aspekte der Vormaterialsicherung, der gewährten Konditionen, der Kulanzregelungen, über die Reklamationsquote usw. zu berücksichtigen.

■ Preise und Kosten

Der Preis ist für den Einkäufer und damit auch für den Beschaffungsmarktforscher ein sehr wesentliches Untersuchungsobjekt, um Informationen für eine gute Entscheidungsgrundlage zu liefern. Die Informationen, die im Rahmen der Beschaffungsmarktforschung über den Preis gesammelt werden sollten, ermöglichen Aussagen

- über die Preise verschiedener Lieferanten,
- über Veränderungen des Preises eines Produktes oder einer Leistung im Zeitablauf und
- über die Preisbestandteile.

Die Informationen über Preise verschiedener Lieferanten können durch einen einfachen *Preisvergleich* ermittelt werden. Im Rahmen einer Anfrageaktion werden Angebote zu einem Produkt oder zu einer Leistung eingeholt, die dann verglichen werden können. Voraussetzung für einen solchen Preisvergleich ist, daß die „technischen" Daten des Produktes oder der Leistung (hier ist insbesondere die Qualität zu nennen) ungefähr vergleichbar sind, zumindest aber dazu geeignet sind, die gestellten Anforderungen an das Produkt oder die Leistung zu erfüllen. Ebenso muß die Preisbasis vergleichbar sein.

Preisvergleiche sind schnell und einfach vorzunehmen und werden deshalb beim Untersuchungsobjekt Preis auch häufig eingesetzt. Darüber hinaus wird auch die Methode der *Preisbeobachtung* über die Veränderungen des Preises vielfach angewendet. Mit einer Preisdatei ist dieses ohne Schwierigkeiten möglich.

Zur Verdeutlichung bietet sich in aller Regel eine graphische Darstellung in der Form einer *Zeitreihendarstellung* an. Diese Form der Untersuchung eines Preises ist vor allem bei Produkten angebracht, die starken Preisschwankungen unterliegen (zum Beispiel börsennotierte Rohstoffe). Unter Umständen ist auf dieser Basis eine Marktprognose möglich, die zukünftige Einkaufsentscheidungen auf eine verbesserte Entscheidungsgrundlage stellen.

Die Ermittlung einzelner Preisbestandteile über eine *Preisanalyse* oder *Preisstrukturanalyse* berücksichtigt die Kosten- und Gewinnbestandteile im Preis eines Produktes. Mit diesem relativ aufwendigen Verfahren, das beispielsweise gute Argumente für Vergabeverhandlungen liefert, wird versucht, Informationen über folgendes zu erhalten:

- Materialanteile,
- Lohnanteile,
- Gemeinkostenanteile,
- Energiekostenanteile,
- Finanzierungskostenanteile und
- Gewinnanteile.

Eine Nutzung des Instrumentariums der Kostenrechnung ist dabei sinnvoll. Dieses Verfahren kann immer dann eingesetzt werden, wenn das eigene Unternehmen aktiv beispielsweise im Wege der Verhandlung den Preis beeinflussen kann. Dazu ist allerdings eine gute Kenntnis der Kostenstruktur und damit aussagefähiger Informationsquellen unabdingbar.

Neben der reinen Preisorientierung ist auch eine *Kostenorientierung* im Wege der Beschaffungsmarktforschung durchzuführen. Dies ist insbesondere dann bedeutsam, wenn im Einkauf unter Preisgesichtspunkten eine Entscheidung getroffen wird, die zu Fehlmengenkosten führt. In einem solchen Fall kann eine Entscheidung unter Preisgesichtspunkten unvorteilhaft sein, weil die Kostenwirkungen unberücksichtigt geblieben sind. Um die Wettbewerbsfähigkeit des eigenen Unternehmens zu erhöhen, sind auch bei der Beschaffungsmarktforschung diese Kostengesichtspunkte zu berücksichtigen.

6.3 Abwicklung von Bedarfsanforderungen durch den Einkauf

6.3.1 Phasen des Bestellvorgangs

Die Abwicklung einer Bedarfsanforderung durch den Einkauf kann in folgende Phasen unterteilt werden:

- Bedarfsmeldung,
- Anfragen,
- Angebotsverarbeitung,
- Vergabeverhandlung,
- Bestellentscheidung,
- Bestellung,
- Auftragsbestätigung.

Dieses generelle Phasenschema kann bei der Abwicklung einer konkreten Bedarfsanforderung durch den Einkauf genauso erfolgen oder in Teilen auch abgewandelt werden. Beispielsweise muß nicht jede Bedarfsmeldung zwingend bei Lieferanten angefragt werden. Sofern die Bestellentscheidung für einen bestimmten Zeitraum für einen Lieferanten gefällt wurde, kann die Bedarfsmeldung auch direkt zu einer Bestellung führen.

Nachdem die Bedarfsmeldung über den Disponenten, das Lager oder andere beim Einkauf eingegangen ist, werden über die Erstellung einer *Anfrage* die benachrichtigten Lieferanten aufgefordert, ein Angebot abzugeben.

Die Anfrage selbst ist dabei nicht rechtsverbindlich. Lieferanten können daraus keinerlei Anspruch auf Vergabe eines Auftrags ableiten. Somit ist die Anfragetätigkeit neben der Ermittlung eines geeigneten Lieferanten für eine vorliegende Bedarfsanforderung auch dazu einzusetzen, um dem Unternehmen Marktinformationen für die eigene Entwicklungs- und Konstruktionsabteilung zu liefern und die Einkaufsunterlagen zu ergänzen und zu kontrollieren.

Inhaltlich sollte die Anfrage enthalten:

- eine detaillierte Qualitäts- und Leistungsbeschreibung,
- den Verwendungszweck,
- die benötigte Menge in handelsüblicher Einheitsbezeichnung,
- die Aufforderung, gegebenenfalls Alternativmöglichkeiten anzubieten,
- die Aufforderung, zum Festpreis anzubieten und den Preis detailliert anzugeben (zum Beispiel zur Durchführung eines partiellen Preisvergleichs),
- die Aufforderung, die Konditionen mitzuteilen (zum Beispiel Rabatt, Skonti, Frachtbasis),
- die Versandanschrift,
- den Termin für die Angebotsabgabe,
- den eventuell vorgesehenen Liefertermin,
- den Hinweis auf die eigenen Einkaufsbedingungen.

Obwohl Angebote im Regelfall kostenlos erteilt werden, sollte des weiteren zur Anfrage eine entsprechende Aufforderung gehören. Neben den hier genannten Punkten einer Anfrage, können je nach Bedarfsfall noch weitere Informationen über eine Anfrage notwendig sein.

In der Praxis wird häufig über unbefriedigende Ergebnisse der Anfragetätigkeit geklagt. Ursachen hierfür können etwa sein:

- Ungenaue Beschreibung des Bedarfs

- Mangelnde Informationen über das Leistungsspektrum des Lieferanten

- Demotivierte Lieferanten, weil immer sogenannte „Hofliefe-ranten" bevorzugt werden.

Bei der *Angebotsverarbeitung* auf der Grundlage einer vorherigen Anfrage erfolgt im eigenen Unternehmen eine Angebotsprüfung nach formellen, technischen und kaufmännischen Gesichtspunkten; formell zum Beispiel:

- auf Übereinstimmung mit der Anfrage hinsichtlich der Qualitäten, des Preises, der Zahlungs- und Lieferbedingungen, der Menge, der Lieferzeit und evtl. Sonderleistungen;
- auf Vollständigkeit, beispielsweise hinsichtlich der Zeichnungs- und Berechnungsunterlagen;
- auf Eindeutigkeit.

Nach der formellen Angebotsprüfung erfolgt die technische Angebotsprüfung, die der zuständige Konstrukteur, Techniker oder Entwickler vornimmt. Besonders wird hierbei die Qualität des angebotenen Teils unter diesen Gesichtspunkten beurteilt:

- technische Eignung,
- Lebensdauer der Endprodukte,
- Anforderungen der Verbraucher,
- Fertigungsverfahren,
- Lieferqualität,
- technischer Fortschritt,
- Austauschbarkeit.

Bei der technischen Angebotsprüfung von Investitionsgütern und Dienstleistungen ist unter Umständen der Beurteilungskatalog um weitere anforderungsspezifische Kriterien zu erweitern.

Nachdem diese zeitlich zum Teil sehr langwierige technische Prüfung erfolgt ist, schließt sich als letzter Teil der Überprüfung des Angebotes die Prüfung nach den kaufmännischen Beurteilungskriterien an. Hierbei erfolgt eine kaufmännische Würdigung der in der formellen Angebotsprüfung genannten Gesichtspunkte, die auch entsprechend so angefragt wurden. Darüber hinaus sind Gegengeschäfte und der Standort des Anbieters zu berücksichtigen.

Auf der Basis dieser *Angebotsprüfung*, eventuell mit einer anschließend oder gleichzeitig stattfindenden Vergabeverhandlung (siehe dazu auch Abschnitt 6.3.2), erfolgt die Wahl nicht zwingend zugunsten des preislich günstigsten Anbieters. Faktoren wie Qualität, Service, Liefertreue, logistische Anforderungen, Standort müssen ebenfalls bei der Bestellentscheidung berücksichtigt werden und können je nach Gewichtung zu einer anderen Entscheidung führen.

Die *Bestellung* unabhängig davon, ob sie mündlich oder schriftlich erfolgt, kann juristisch die Annahme eines Vertragsangebotes auf der Basis eines Angebotes eines Lieferanten oder, falls kein bindendes Angebot des Lieferanten vorliegt, auch der Vertragsantrag sein, der dann entsprechend über eine Auftragsbestätigung als Vertragsannahme des Lieferanten zum Vertragsschluß führt.

Bei zuvor mündlich geschlossenen Verträgen kann unter Vollkaufleuten zudem noch ein sogenanntes *kaufmännisches Bestätigungsschreiben* erfolgen. Sofern diesem kaufmännischen Bestätigungsschreiben nicht ausdrücklich vom Vertragspartner sofort widersprochen wird, wird es Bestandteil des zuvor mündlich geschlossenen Vertrages. Es werden diejenigen Vertragspunkte ersetzt oder ergänzt, die entweder zunächst mündlich anders oder nicht abgesprochen wurden.

Inhaltlich sollte eine Bestellung die auch bereits bei der Anfrage und beim Angebot genannten Punkte enthalten. Das sind im wesentlichen:

– Liefer- und Leistungsumfang,
– Termine und Terminsicherung,

- Qualität,
- Transport,
- Gewährleistung,
- Zahlung,
- Preis,
- Menge.

Eine Besonderheit als Vertragsnebenbedingung bildet der Hinweis auf die eigenen Einkaufsbedingungen. Dieser Hinweis sollte auf der Vorderseite der Bestellung mit einer sogenannten Abwehrklausel der Allgemeinen Geschäftsbedingungen des Lieferanten erfolgen, und zwar in der Form:

„Wir bestellen unter Zugrundelegung des Bürgerlichen Gesetzbuches (BGB) und ergänzend des Handelsgesetzbuches (HGB) der Bundesrepublik Deutschland. Andere Bedingungen erkennen wir nicht an, es sei denn, wir tun dies ausdrücklich schriftlich."

Welche Vertragsart (siehe dazu Abschnitt 6.3) bei einer Bestellung gewählt wird, ist beispielsweise von der Bestellart abhängig. Typische Bestellarten im Einkauf sind:

- Erstbestellungen,
- Wiederholbestellungen,
- Ersatzbestellungen,
- Bestellungen für nicht lagerfähiges Material,
- Werbemittelbestellungen,
- Bestellungen mit beigestelltem Material,
- Abrufbestellungen aufgrund vorhandener Rahmenverträge,
- Bestellungen von Investitionsgütern,
- Bestellungen von Dienstleistungen.

Die *Auftragsbestätigung* des Lieferanten als letzte Phase eines Bestellvorgangs kann rechtlich die Bedeutung der Vertragsannahme haben (bei Bestellung ohne vorherige Angebotseinholung durch den Kunden), eine Ablehnung mit gleichzeitigem neuem Vertrags-

127

angebot sein oder als kaufmännisches Bestätigungsschreiben mit den entsprechenden Konsequenzen erfolgen.

Sofern der Vertrag bereits durch die Bestellung als Annahme eines Angebotes geschlossen wurde, ist die Auftragsbestätigung rechtlich unerheblich, auch wenn in dieser Auftragsbestätigung Abweichungen zum durch die Bestellung bereits geschlossenen Vertrag auftreten. Diese Abweichungen der Auftragsbestätigung haben keine Rechtswirkung. Um Meinungsverschiedenheiten frühzeitig auszuräumen, sollte in der Praxis zur Klarheit allerdings nochmals ein entsprechender Hinweis erfolgen, der rechtlich aber nicht notwendig ist.

Wichtig ist, daß die Auftragsbestätigung, sofern sie die Vertragsannahme ist, mit der Bestellung in allen wesentlichen Punkten übereinstimmt, da ansonsten ein neuer Vertragsantrag vorliegt und zunächst kein Vertrag geschlossen wurde. Ist die Auftragsbestätigung als *kaufmännisches Bestätigungsschreiben* formuliert, besteht bei Abweichung die Gefahr eines Vertragsschlusses, der in dieser Form vom Einkäufer nicht gewollt war. In diesem besonderen Fall bedeutet das Schweigen, das ansonsten im Regelfall die Ablehnung eines Vertragsangebotes bedeutet, Annahme des geänderten Vertragsangebotes.

6.3.2 Verhandlungen im Einkauf

Aufträge können auf unterschiedliche Weise vergeben werden. Die häufigsten Formen der Auftragsvergabe durch den Einkauf sind:

- die telefonische Vergabe;
- die mündliche Vergabe:
  ohne Verhandlung,
  mit Verhandlung;
- fernschriftliche Vergabe;

- schriftliche Vergabe;
- Vergabe über elektronische Medien (zum Beispiel BTX, DFÜ).

Kleinere Aufträge oder Aufträge bei Lieferanten, mit denen der Einkauf schon lange zusammenarbeitet, werden häufig telefonisch oder mündlich ohne Verhandlung vergeben. Häufig wird in der Praxis im Nachgang eine schriftliche Bestellung nachgereicht, damit zum einen eine schriftliche Dokumentation vorliegt und zum anderen der Auftrag gleichzeitig EDV-mäßig erfaßt ist und auch anderen Mitarbeitern als Information (zum Beispiel zur Terminverfolgung) zur Verfügung steht. Eine solche schriftliche Bestellung sollte als kaufmännisches Bestätigungsschreiben (zum Beispiel: *„den soeben telefonisch erteilten Auftrag bestätigen wir wie folgt:"*) verfaßt werden, damit vor allem eventuell nicht erfolgte mündliche Abreden als Vertragsbestandteil ergänzt werden können.

Große Investitionsvorhaben, Rahmenabkommen und längerfristige Verträge werden im Regelfall nicht allein schriftlich vergeben. Darüber hinaus werden solche Aufträge entweder im eigenen Unternehmen oder beim Lieferanten verhandelt. Obwohl in der Praxis häufig die Verhandlungen im eigenen Unternehmen erfolgen, gibt es gute Gründe auch Verhandlungen beim Lieferanten direkt zu führen, obwohl der zeitliche und finanzielle Aufwand dann größer ist. Dieser Nachteil wird dadurch relativiert, daß das Verhandlungsteam einen besseren Eindruck von der Leistungsfähigkeit des Lieferanten erhält und weiterhin nicht durch dringende Tagesprobleme von der Verhandlung abgelenkt wird.

Der Erfolg einer *Vergabeverhandlung* hängt von der organisatorischen und inhaltlichen Vorbereitung der Verhandlung durch das Verhandlungsteam ab. Zur organisatorischen Vorbereitung einer Verhandlung gehören:

- die Reservierung geeigneter Räumlichkeiten mit entsprechenden Hilfsmitteln (wie etwa Flipchart),

- die Zusammenstellung des Verhandlungsteams,
- die Benachrichtigung des Verhandlungsteams über Ort und Zeit,
- die Vorbereitung der Unterlagen.

Die Notwendigkeit dieser Vorbereitung für den Einkäufer ergibt sich daraus, daß ansonsten der Verhandlungsfluß gestört wird und somit das Verhandlungsergebnis beeinträchtigt werden kann. Beispielsweise ist das Anbieten von Kaffee in einer Verhandlung eine Form der Höflichkeit. Wird diese Möglichkeit nicht rechtzeitig vorbereitet, muß sich der Einkäufer während der Verhandlung um dieses eher unwesentliche Detail kümmern. Genau in seiner Abwesenheit können aber mit dem restlichen Verhandlungsteam bereits wichtige Verhandlungspunkte besprochen sein, so daß dieses kleine Versäumnis durchaus große Auswirkung für die Einflußnahme auf die Verhandlung durch den Einkäufer haben kann.

Zur inhaltlichen Vorbereitung einer Verhandlung gehören:

- Verhandlungsablauf eventuell im Planspiel üben,
- Verhandlungsziele festlegen: Maximum-Ziel und Minimum-Ziel,
- Produktkenntnis erwerben,
- Marktverhältnisse kennenlernen,
- Argumentations- und Fragetechnik beherrschen,
- Äußerlichkeiten beachten.

Der Erfolg einer Verhandlung ist auch eine Frage der psychologischen Verhandlungsführung. In früheren Jahren wurden dazu häufig Tips gegeben, wie der Einkäufer durch sein Verhalten Druck auf den Verkäufer ausüben kann. Diese von beiden Seiten nicht immer faire Form der Verhandlungsführung sollte heute nicht mehr im Vordergrund stehen. Vielmehr sollten sowohl Einkäufer als auch Verkäufer versuchen, auf sachlicher Ebene zu argumentieren und zu einem für beide akzeptablen Verhandlungsergebnis zu

kommen. Vor allem für ein langfristiges Kunden-Lieferanten-Ver-
hältnis ist dieser Weg erfolgreicher.

6.3.3 Wichtige Vertragsformen

Ein *Vertrag* kommt durch mindestens zwei übereinstimmende *Willenserklärungen* zustande. Ein Vertragsangebot in der Form eines Lieferantenangebotes oder einer Bestellung wird dadurch zum Vertrag, daß ein oder mehrere Vertragspartner dieses Vertragsangebot annehmen. Verträge können mit jedermann, der geschäftsfähig ist, abgeschlossen werden. Es besteht *Abschlußfreiheit*.

Darüber hinaus besteht im Regelfall auch Inhalts- *und Formfreiheit*, die lediglich in Einzelfällen (zum Beispiel Grundstückskauf) durch zwingendes Recht eingeschränkt ist. Unter anwesenden Vertragspartnern erfolgt auf ein Vertragsangebot hin eine sofortige Annahme (auch beispielsweise bei telefonischen Vertragsangeboten). Wird keine Angabe über eine Bindefrist zu diesem Vertragsangebot genannt, ist eine spätere Annahme des Angebotes ein neuer Vertragsantrag.

Bei schriftlichen Vertragsangeboten gilt, sofern keine Angebotsbindefrist vereinbart wurde, rechtlich nur eine Bindefrist von einigen Tagen, im wesentlichen bedingt durch die Postlaufzeiten. Die Annahme eines Vertragsangebotes muß ohne Veränderungen vonstatten gehen. Ansonsten bedeutet es die Ablehnung des bestehenden Vertragsangebotes verbunden mit einem neuen Vertragsangebot.

Das Schweigen auf ein Vertragsangebot bedeutet grundsätzlich *Ablehnung*. Ausnahmen von diesem Grundsatz unter Vollkaufleuten erfolgen beim bereits genannten kaufmännischen Bestätigungsschreiben, beim konkludenten Handeln (das heißt beispielsweise: Es wird eine Lieferung Büromaterial beim örtlichen Büroservice schriftlich bestellt, die ohne Auftragsbestätigung am nächsten Tag geliefert und in Rechnung gestellt wird) und in Ausnahmefällen bei dauernden gegenseitigen Geschäftsbeziehungen.

Bei offenen Einigungsmängeln ist im Zweifelsfall kein Vertrag geschlossen worden. Bei einem verdeckten Einigungsmangel ist der Schluß des Vertrages davon abhängig, wie groß der Stellenwert des Einigungsmangels ist.

Die wichtigsten Vertragsformen im Einkauf können zunächst in

– die gesetzlich geregelten Grundformen und
– die besonderen Formen der Einkaufsverträge

unterteilt werden.

Die gesetzlich geregelten Grundformen der Verträge im deutschen Recht sind im *Bürgerlichen Gesetzbuch* (BGB) geregelt. Die wichtigsten Verträge für den Einkauf sind:

– der Kaufvertrag (§ 433 ff. BGB),
– der Werkvertrag (§ 631 ff. BGB),
– der Werklieferungsvertrag (§ 631 ff. BGB),
– der Dienstvertrag (§ 611 ff. BGB).

Beim *Kaufvertrag* steht der sogenannte Handelskauf einer Sache oder eines Rechtes gegen Geld im Vordergrund. Ein typisches Beispiel für einen Kaufvertrag im Einkauf ist der Kauf von Büromöbeln über einen Büromöbelhändler, der diese Möbel nicht selbst herstellt.

Beim *Werkvertrag* ist der Vertragsgegenstand die Herstellung oder Veränderung einer Sache oder die Bewirkung einer (Dienst-)Leistung. Wichtig ist, daß der Werkvertrag mit einem Erfolgsversprechen verbunden ist, so daß, sofern dieser Erfolg nicht erreicht wird, rechtliche Konsequenzen entstehen, die im weiteren noch beschrieben werden.

Der *Werklieferungsvertrag* ist ebenso wie der Werkvertrag ein auf Erfolg ausgerichteter Vertrag über die Herstellung und Veränderung einer Sache. Im Unterschied zum Werkvertrag wird das Material zu diesem Zweck vom Lieferanten geliefert. Beispiel für einen Werkvertrag im Einkauf ist die galvanische Bearbeitung eines Gußteils durch ein galvanisches Unternehmen für einen Gußhersteller. Ein Werklieferungsvertrag im Einkauf würde dann vorliegen, wenn beispielsweise ein Automobilhersteller bei dem genannten Gußhersteller Motorblöcke nach einer speziellen Spezifikation gießen läßt, wobei der Gußhersteller auch das Material liefert.

Der *Dienstvertrag* ist ein Vertrag ohne Erfolgsversprechen, der lediglich eine Leistung in der Form geleisteter Arbeitszeit beinhaltet.

Besondere Formen der Einkaufsverträge – im Regelfall gesetzlich nicht geregelt – sind:

- der Rahmenvertrag,
- der Abrufvertrag,
- der Spezifikationskauf,
- der Sukzessivlieferungsvertrag,
- das Streckengeschäft,
- der Konsignationslagervertrag.

Beim *Rahmenvertrag* werden entweder bestimmte Kaufbedingungen (zum Beispiel Zahlungsbedingungen) formuliert, oder es wird für einen bestimmten Zeitraum oder eine bestimmte Liefermenge ein bestimmter Preis festgelegt.

Beim *Abrufvertrag* werden alle wesentlichen Vertragspunkte fest vereinbart. Der einzige offene Punkt bleibt der Liefertermin. Praktisch heißt das, daß der Lieferant die Ware produziert und auf Lager legt und auf den Abruf des Kunden wartet. Bei Abruf erfolgt eine sofortige Lieferung und Rechnungsstellung.

Beim *Spezifikationskauf* wird nur eine bestimmte Gattung im Vertrag bestimmt. Die genau zu liefernde Warenart wird dann innerhalb einer vorbestimmten Frist festgelegt.

Beim *Sukzessivlieferungsvertrag* (im Regelfall die Grundlage für Just-in-time Lieferungen) erfolgt eine vertragliche Gestaltung wie beim Abrufvertrag. Im Unterschied zum Abrufvertrag erfolgt die Abnahme der Lieferungen jedoch in Teilmengen, wobei die Liefertermine ganz oder zum Teil im Vertrag vorgesehen sein können.

Beim *Streckengeschäft* wird ein Vertrag mit einem Händler abgeschlossen, der dafür Sorge trägt, daß die Lieferung der vereinbarten Ware direkt vom Hersteller erfolgt.

Beim *Konsignationslagervertrag* wird die vertraglich vereinbarte Ware in die Räumlichkeiten des Abnehmers (Lager) geliefert. Die Ware wird aber zunächst noch nicht in Rechnung gestellt und bleibt auch Eigentum des Lieferanten. Entnahmen der Ware aus dem Lager werden dann in festgelegten Zeiträumen überprüft und abgerechnet.

Leistungsstörungen dieser Verträge können bei

– Lieferverzögerungen,
– mangelhafter Lieferung/Schlechtlieferung/Falschlieferung oder
– Unmöglichkeit

entstehen.

Lieferverzögerungen kommen in der Einkaufspraxis immer wieder vor. Damit aus solchen Lieferverzögerungen rechtliche Ansprüche abgeleitet werden können, muß der Lieferant in *Lieferverzug* gesetzt werden. Voraussetzung hierfür ist die Fälligkeit der

Lieferung, die Mahnung, die allerdings bei genau vereinbarten Kalenderterminen entfällt, und das Verschulden des Lieferanten. Besteht das Interesse auf Lieferung und Erfüllung, wird der Anspruch auf die Lieferung, eventuell auch der Ersatz für den möglichen Verzugsschaden erhoben. Besteht ein Interesse zum Ausstieg aus dem Vertrag, kann eine angemessene Nachfrist mit Ablehnungsandrohung gesetzt werden. Verstreicht diese ohne Liefererfüllung, kann vom Vertrag zurückgetreten werden oder Schadenersatz aus einem sogenannten *Deckungskauf* geltend gemacht werden.

Liegt eine mangelhafte Lieferung/Schlechtlieferung/Falschlieferung vor, muß dieser Mangel auf einen Fehler beruhen, der den Wert oder die Tauglichkeit einer Sache erheblich mindert. Für einen so vorliegenden Sachmangel haftet der Lieferant.

Grundsätzlich hat der Einkäufer ein Recht auf Lieferung mangelfreier Ware. Liegt der Lieferung einer mangelhaften Ware ein Kaufvertrag zugrunde, so hat der Einkäufer bei einem Sachmangel die Möglichkeit der Wandlung oder Minderung. Beim Gattungskauf besteht zudem die Möglichkeit des Umtausches. Sofern eine sogenannte vertraglich vereinbarte *zugesicherte Eigenschaft* fehlt, kann auch ohne Verschulden Schadenersatz geltend gemacht werden. Liegt der Lieferung ein Werkvertrag zugrunde, muß bei einem Sachmangel dem Lieferanten die Möglichkeit der Nachbesserung eingeräumt werden.

Ist der Lieferant im Verzug, kann auch der Versuch einer Selbstnachbesserung oder eine Nachfrist mit Ablehnungsandrohung erfolgen. Bei erfolglosem Ablauf der Nachfristsetzung kann wiederum Wandlung, Minderung und bei Verschulden auch Schadenersatz verlangt werden.

Der *Werklieferungsvertrag* wird bei vertretbaren Sachen dem *Kaufvertrag* und bei nicht vertretbaren Sachen dem *Werkvertrag* bei der Abwicklung des Sachmangels gleichgesetzt. Handelt es sich bei dem Sachmangel um einen offenen Mangel, so muß dieser unverzüglich gerügt werden, bei verdecktem Mangel muß unverzüglich nach Feststellung gerügt werden.

Beruht die Leistungsstörung auf einer *objektiven Unmöglichkeit*, so ist kein Vertrag zustandegekommen, und es besteht nur die Verpflichtung zum *Aufwendungsersatz*. Bei nachträglicher Unmöglichkeit kommt der Vertrag zustande, und bei Verschulden kann auch Schadenersatz gefordert werden. Bei der *subjektiven Unmöglichkeit* (Unvermögen) ist ebenfalls der Vertrag zustandegekommen, und es kann wiederum Schadenersatz verlangt werden.

6.3.4 Terminsicherung

Die Aufgabe der termingerechten Bereitstellung von Rohstoffen, Vormaterialien und Hilfstoffen für die Produktion, von Maschinen und Apparaten, Bauleistungen und sonstigen Einrichtungen für Produktionsanlagen sowie von Handelswaren zum Wiederverkauf wird allgemein mit den Begriffen Terminverfolgung und Terminsicherung gekennzeichnet. Eine gute Terminüberwachung beginnt bereits mit der Feststellung der Beschaffungszeiten. Sie muß alle Zeiten mit erfassen, die als Nebenzeiten unmittelbaren Einfluß auf die pünktliche Bereitstellung der eingekauften Waren haben. Deshalb sollte man nicht von einer Lieferzeit, sondern von einer Beschaffungszeit sprechen. Die Schritte eines Auftrages durch das Unternehmen sind:

1. Eingang der Kundenbestellung
2. Bearbeitung der Bestellung in der Vertriebsabteilung
3. Veranlassen der Einkaufsbestellung
4. Abgang der Bestellung von der eigenen Poststelle
5. Eintreffen der Bestellung beim Lieferanten
6. Auslösen des Werksauftrages und der Einkaufsbestellung beim Lieferer
7. Ankunft der Bestellung beim Unterlieferanten

8. Lieferung der Vormaterialien
9. Fertigstellung der Ware beim Lieferanten
10. Versandtag
11. Ankunft im Wareneingang
12. Wareneingangsprüfung
13. Ablieferung ans Teilelager

Das heißt also: Wenn der Lieferant eine Lieferzeit von beispielsweise fünf Wochen angibt, dann muß der Einkäufer mit einer Beschaffungszeit von sieben Wochen rechnen. Der Punkt 10 wird in der Zeitfolge der Tag sein, den der Lieferer als Liefertermin mit dem Zusatz „am ... *verbindlich eintreffend"* genannt bekommt.

Die vielseitigen, sich bei der Terminüberwachung und Terminsicherung in der Praxis ergebenden Probleme zum Ergreifen geeigneter Maßnahmen und ihre organisatorische Form kommen in folgenden Fragen – die nur einige aus einer ganzen Reihe sind – zum Ausdruck:

– Wer übernimmt die Terminüberwachung und Terminverfolgung?

– Erfolgt die Kontrolle manuell oder über EDV?

– Wie ist der Verlauf der Bestellungen mit der Terminverfolgung gekoppelt?

Die Verantwortung für die Einhaltung der vereinbarten Liefertermine sollte in vollem Umfang der Einkauf tragen, auch wenn die Terminkontrolle rechnergesteuert erfolgt. Eine andere Frage ist es, ob die Termine sämtlicher Bestellungen überwacht werden oder nur jene von Bestellungen, deren Einhaltung gefährdet erscheint oder die besonders wichtige Materialien betreffen.

Die Überwachung der Liefertermine wird erheblich erschwert, wenn die vom Einkauf aufgegebenen Bestellungen keine festen

Termine, sondern lediglich Angaben wie *„Lieferung schnellst-möglich"*, *„Lieferung sofort"* enthalten.

Zwischen Terminsicherung und Terminverfolgung besteht ein recht beachtlicher Unterschied. Während es bei der *Terminverfolgung* darum geht, einen bereits gefährdeten Termin durch Nach-faßmaßnahmen zu retten, verbirgt sich hinter dem Begriff der *Terminsicherung* das Bestreben, einen Termin von vornherein so zu vereinbaren – unter Berücksichtigung aller betrieblichen und marktlichen Faktoren –, daß eine Gefährdung nahezu ausgeschlossen und damit seine Einhaltung gewährleistet ist. Das Bestreben des Einkaufs muß es sein, die Terminsicherung mehr und mehr zu Lasten der Terminverfolgung in den Vordergrund treten zu lassen. Terminverfolgung sollte zur Terminsicherung werden.

Eine wesentliche Voraussetzung für die Vereinbarung von Liefer-terminen, die auch wirklich eingehalten werden können, und damit also für die Terminsicherung, ist die rechtzeitige Abgabe der Bedarfsmeldungen durch die dazu berechtigten Stellen an den Einkauf, besonders bei schwierigen Bedarfsfällen.

Die Terminsicherung beginnt im eigenen Unternehmen.

Darüber hinaus können Lieferantenpflege und Lieferantenförderung wesentlich dazu beitragen, daß aus der Terminverfolgung eine erfolgreiche Terminsicherung wird.

Literaturverzeichnis

Arnolds, Hans/Heege, Franz/Tussing, Werner:
Materialwirtschaft und Einkauf, 7. Auflage, Wiesbaden 1990.

Fieten, Robert:
Integrierte Materialwirtschaft, Definitionen – Aufgaben – Tätig-
keiten, Schriftenreihe: wissen und beraten, Hrsg.: Bundesverband
Materialwirtschaft, Einkauf und Logistik e. V. (BME), 2. Auflage,
Frankfurt 1986.

Hartmann, Horst:
Materialwirtschaft, 5. Auflage, Gernsbach 1990.

Klamroth, Sabine/Walter, Reinhard:
Rechtskunde für Kaufleute, 3. Auflage, Wiesbaden 1990.

Lensing, Manfred:
Der Beschaffungsmarkt und seine Mechanismen,
Wiesbaden 1990.

Roth, Michael:
Materialbedarf und Bestellmenge, Wiesbaden 1990.

Schneider, Berthold:
Einkaufsvorbereitung, Wiesbaden 1990.

Schneider, Berthold:
Einkaufsabwicklung, Wiesbaden 1991.

Stark, Heinz:
Beschaffungsplanung und Budgetierung,
3. Auflage, Wiesbaden 1990.

Stichwortverzeichnis

Reihe Praxis der Unternehmensführung

A. Kretschmar
Angewandte Soziologie im Unternehmen
88 S., ISBN 3-409-18310-8

V. Kunst
Angewandte Psychologie im Unternehmen
80 S., ISBN 3-409-18309-4

M. Lensing
Materialwirtschaft und Einkauf
156 S. (Doppelband),
ISBN 3-409-13529-4

J. Löffelholz
Grundlagen der Produktionswirtschaft
84 S., ISBN 3-409-13990-7

J. Löffelholz
Kontrollieren und Steuern mit Plankostenrechnung
72 S., ISBN 3-409-13991-5

J. Löffelholz
Lohn und Arbeitsentgelt
80 S., ISBN 3-409-13818-8

J. Löffelholz
Unternehmensformen und Unternehmenszusammenschlüsse
68 S., ISBN 3-409-13989-3

H. Lohmeyer/L. Th. Jasper/G. Kostka
Die Steuerpflicht des Unternehmens
138 S., ISBN 3-409-13986-9

W. Pepels
Handelsmarketing
132 S., ISBN 3-409-13515-4

W. Pepels
Marketingforschung und Absatzprognose
124 S., ISBN 3-409-13515-4

W. Pepels
Werbung und Absatzförderung
216 S. (Doppelband),
ISBN 3-409-18313-2

D. Scharf
Grundzüge des betrieblichen Rechnungswesens
110 S., ISBN 3-409-13988-5

D. Scharf
Handelsrechtlicher Jahresabschluß
124 S., ISBN 3-409-13914-1

T. Scherer
Markt und Preis
104 S., ISBN 3-409-18308-6

W. Teß
Bewertung von Wirtschaftsgütern
140 S., ISBN 3-409-13889-7

H. D. Torspecken/H. Lang
Kostenrechnung und Kalkulation
152 S., ISBN 3-409-13969-9

H. J. Uhle
Unternehmensformen und ihre Besteuerung
110 S., ISBN 3-409-13979-6

P. W. Weber/K. Liessmann/E. Mayer
Unternehmenserfolg durch Controlling
160 S., ISBN 3-409-13992-3

J. Witt
Absatzmanagement
132 S., ISBN 3-409-13895-1

J. Witt
Verkaufsmanagement
128 S., ISBN 3-409-13557-X